会話

初中級

ステキな韓国語

柳蓮淑　金秀美　朴玉珠 著

社会評論社

はじめに

『ステキな韓国語会話（初中級）』は、韓国語に興味を持ったすべての人に、ハングルの「ステキ」なところを伝えたいという気持ちで作成しました。韓国語のタイトルは『멋진한국어회화』(モッチンハングゴフェファ)です。ハングルはなぜステキなのか。それはハングルが、すべての人が読み書きできるように願ってつくられた文字だからです（基礎編「ハングルとは」をお読みください）。著者たちは大学などで韓国語を教えてきた実績を持っています。そして、授業中やアンケートなどで得られた学生の声を取り入れた教材づくりを進めてきました。本書はその集大成です。基本は、大学で2年間実施する「週1コマ90分×年30回の授業」を想定してあります。また、独学で韓国語を学びたいという中高生や社会人の方々の希望にもそえるような数々の工夫をしてあります。

1. 本書の特徴

語学習得の基本は「聞く・話す・読む・書く」の4技能です。本書姉妹編『ステキな韓国語初級』では文法を丁寧に説明して4技能を反復練習して定着することを目標にしています。本書は、会話能力向上に特化して、韓国人との日常会話や韓国での社会生活が円滑にできることを目標に作成しています。韓国語能力試験TOPIKⅡの3級レベル（中級）合格のための学習書としても活用してください。

2. 本書の全体的な構成

「基礎編」と「会話編」に分かれます。「基礎編」では、ハングルの成り立ちや読み書き、発音の基礎及び語彙を学習します。「会話編」では、基礎編で習得した内容をもとに、実践的な会話形式で、韓国人と自然に会話できるような文型や語彙を学習します。

3. 課の構成

各課は「01」～「08」の内容及びコラムで構成されています。

「会話の目標」は、各課で学ぶ文法をまとめています。

「01. 会話1」日本人学生と韓国人学生との会話形式で展開します。入れ替え練習を通じて応用力を伸ばします。文法の説明もあります。

「02. 会話2」日本人学生と韓国人学生との会話形式の続きです。入れ替え練習を通じて応用力を伸ばします。文法の説明もあります。

「03. 単語」各課に登場する単語です。暗記できたら□に√しましょう。

「04. 発音」韓国人と滑らかに会話するための発音を表記しています。

「05. 応用会話」応用会話をペアワークで完成させます。ペアと一緒に文章を完成し、覚えて会話することで応用力の向上につながります。

「06. 語彙」応用会話を進めるための参考にできる表現です。

「07. 聞取り」音声データを聞き取りながら、(　　)を埋めてみましょう。

「08. 練習問題」各課で習った語彙や文法の定着を図ります。

「コラム」上段は日本語で、下段は韓国語で書かれています。日常会話の自然な表現にふれながら日韓の文化の共通点や違いを知ることができます。

本書を出版するにあたり日韓の多くの方のお世話になりました。とりわけ社会評論社代表の松田健二氏、推薦文を寄せてくださった前駐日大韓民国大使の姜昌一氏、韓国放送界の金理淑氏、韓国の有名声優で『アナと雪の女王』、『劇場版　鬼滅の刃』、『THE FIRST SLAM DUNK』等に出演された張民赫氏に心から感謝いたします。本書が韓国語を学ぶ皆様の役に立ち、日本人と韓国人が笑顔で話し合える未来のために、ささやかでも貢献できることを願っています。

著者一同

❊ 練習問題の解答及び音声データについて

本書のすべての練習問題の解答及び音声データは出版社のサイトで公開しています。ぜひ学習の向上にお使いください。

社会評論社　https://www.shahyo.com

目　次

✻ 基礎編

✻ 会話編

基礎編

1. ハングルとは

01. ハングルの誕生

世宗(在位：1418〜1450)

韓国で使われている文字は「ハングル」と言います。「ハン」は「大きな・偉大な」あるいは「一つの」、「グル」は「文字」という意味です。この文字は今から約600年前(1443年)に国王と学者たちの研究によって創られました。その国王は朝鮮王朝第4代国王の世宗(セジョン)です。

それ以前の朝鮮半島では固有の文字がなかったため、中国から漢字の意味や音を借りて表すしかありませんでした。しかし漢字を学ぶことができたのはごく一部の上流階級だけで、一般の民衆は無学な状態に置かれていたのです。世宗はこれを憂い、国を発展させて民衆の生活を豊かにするために、臣下たちと共に誰もが学びやすい文字を創り出しました。世宗はこのほかにも科学技術の発展もなしとげたため、歴代の国王の中でも特に「世宗大王」(セジョンデワン)と呼ばれ尊敬されています。

ハングルはこうした経緯で創られた文字であるため、世界中の文字の中でも特に規則性が明確なことが特長です。

02.「韓国語」の特徴

韓国語は語順が日本語と似ています。また、漢字由来の単語が多くあるので、日本人にとって学びやすい言語と言えるでしょう。現在の韓国では漢字表記の使用頻度は高くなく、ほとんどハングルで表記します。韓国語の漢字音は音読みだけでハングル1字で漢字1字を表記しています。そのため、日本語のカナ表記とは異なってハングル表記によって文字数が増えません。また、日本語の訓読みに相当するものがないことも特徴です。

例) 일월 일 일은 일요일이에요. (1月1日は日曜日です。)

03.「ハングル」の仕組み

ハングルは母音と子音を組み合わせて文字が成立します。母音は「天・地・人」をもとに作られた「単母音」、さらに発展した「二重母音」からなります。子音は発声器官の形をとって作られました。「文字や発音を支える」という意味のパッチムがあり、「子音+母音」の下に子音が来る時があります。書き方は、上から下へ、左から右へと書きます。

① タイプ1

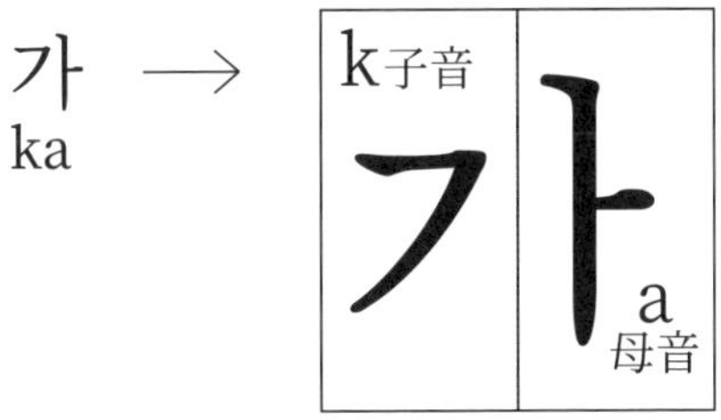

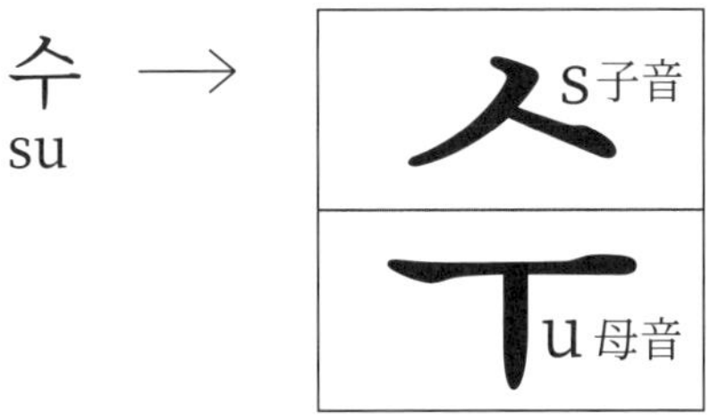

② タイプ2

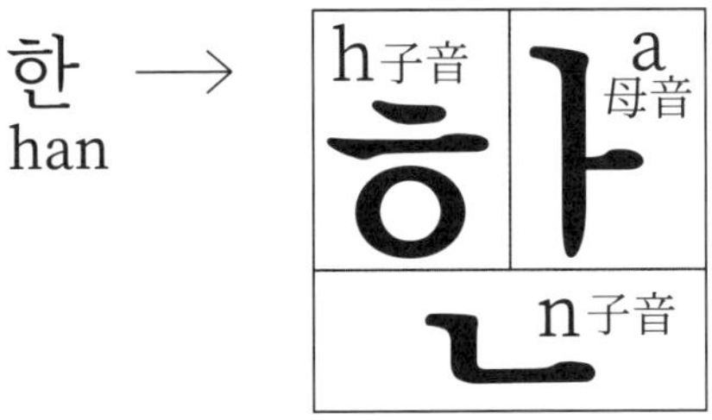

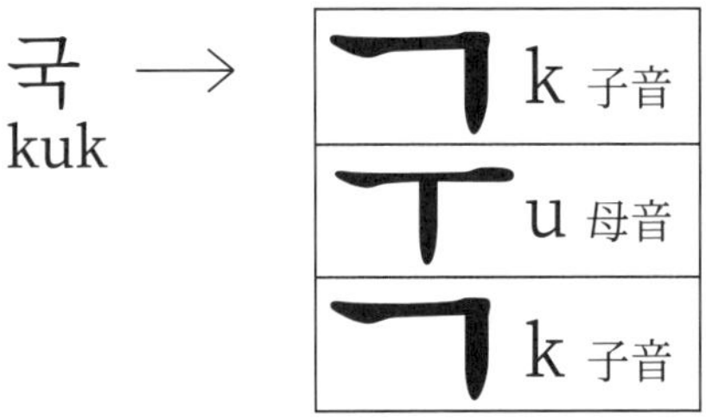

2. 母音 (1) – 単母音

母音は天・地・人を表す「·, 一, ㅣ」をもとに作られました。すべての母音字を書くときは、必ず無音の子音字「ㅇ」をつけます。「ㅇ」は数字の「ゼロ」を書くように左回りに丸く書きます。

字母	発音	発音の仕方	
ㅏ	[a]	「ア」とほぼ同じ	
ㅓ	[ɔ]	口を大きく開けて「オ」	
ㅗ	[o]	「オ」とほぼ同じ	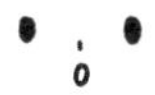
ㅜ	[u]	「ウ」とほぼ同じ	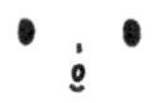
ㅡ	[ɯ]	口を横にひろげて「ウ」	
ㅣ	[i]	「イ」とほぼ同じ	
ㅐ	[ɛ]	「エ」とほぼ同じ	
ㅔ	[e]	「エ」とほぼ同じ	

1 発音しながら書きましょう。 🎧1

아	어	오	우	으	이	애	에

2 発音してみましょう。 🎧2

1) 아우(弟・妹)　2) 우아(優雅)　3) 오이(きゅうり)
4) 에이(A)　5) 우애(友愛)　6) 아이(子供)

3. 母音 (2) – 二重母音

二重母音は、単母音 (ㅏ, ㅓ, ㅗ, ㅜ, ㅐ, ㅔ) に半母音「j」を加えた母音です。

字母	発音	発音の仕方
ㅑ	[ja]	「ヤ」とほぼ同じ。
ㅕ	[jɔ]	「ヨ」より口を大きく開ける。
ㅛ	[jo]	「ヨ」とほぼ同じ。
ㅠ	[ju]	「ユ」とほぼ同じ。
ㅒ	[jɛ]	「イェ」とほぼ同じ。
ㅖ	[je]	「イェ」とほぼ同じ。

1 発音しながら書きましょう。 3

야	여	요	유	얘	예

2 発音してみましょう。 4

1) 우유(牛乳)　　2) 여우(きつね)
3) 예(はい)　　4) 이유(理由)
5) 여유(余裕)　　6) 유아(幼児)

4. 子音 (1) – 平音

子音字は、発声器官(舌、唇、喉)の形をとった5個の基本文字「ㄱ, ㄴ, ㅁ, ㅅ, ㅇ」をもとに作られました。平音は喉に力を入れないで発音します。語頭では常に無声音(清音)です。しかし、「ㄱ, ㄷ, ㅂ, ㅈ」は「有声音化」が起き、語頭と語中で発音が異なるときがあるので注意しましょう。

字母	発音	発音の仕方
ㄱ	[k / g]	語頭では「か行」よりやや弱い、語中では「が行」とほぼ同じ。
ㄴ	[n]	「な行」とほぼ同じ。
ㄷ	[t / d]	語頭では「た行」よりやや弱い、語中では「だ行」とほぼ同じ。
ㄹ	[r / l]	「ら行」とほぼ同じ。
ㅁ	[m]	「ま行」とほぼ同じ。
ㅂ	[p / b]	語頭では「ぱ行」よりやや弱い、語中では「ば行」とほぼ同じ。
ㅅ	[s / ʃ]	「さ行」とほぼ同じ。
ㅇ	[無音 /ŋ]	母音字の左や上につくときは無音。下につくときは「ん」の発音。
ㅈ	[tʃ / dʒ]	語頭では「ちゃ行」よりやや弱い、語中では「じゃ行」とほぼ同じ。
ㅎ	[h]	「は行」とほぼ同じ。.

★ **Point!**

※ 子音の位置に注意!

縦母音「ㅏ, ㅓ, ㅣ, ㅐ, ㅔ」の場合は左側に、横母音「ㅗ, ㅜ, ㅡ」の場合は上に子音を書きます。　　例)가, 거 / 고, 구

※「ㄱ」の形に注意!

縦母音と一緒に書くときは「フ」のようになります。　　例) ㄱ+ㅏ → 가

1 発音しながら書きましょう。 5

	ㅏ	ㅓ	ㅗ	ㅜ	ㅡ	ㅣ	ㅐ	ㅔ
ㄱ								
ㄴ								
ㄷ								
ㄹ								
ㅁ								
ㅂ								
ㅅ								
ㅇ								
ㅈ								
ㅎ								

2 発音してみましょう。 6

1) 다리(脚)　2) 버스(バス)　3) 가수(歌手)
4) 나무(木)　5) 우리(我々)　6) 나라(国)

※ 有声音化の発音に注意！
平音のうち「ㄱ, ㄷ, ㅂ, ㅈ」は、単語の語頭にくる時は「k, t, p, tʃ」、語中にくる時は「g, d, b, dʒ」と発音されます。
例）가구（家具）[kaku]（×）→ [kagu]（◯）　☞「発音の変化」を参照（p.24）

3 有声音化に注意しながら、発音してみましょう。 7

1) 지구(地球)　2) 라디오(ラジオ)　3) 바지(ズボン)
4) 자다(寝る)　5) 고기(肉)　6) 시계(時計)

5. 子音（2）– 激音

激音は、平音（ㄱ，ㄷ，ㅂ，ㅈ）に1画以上を加えた子音です。平音よりも息を強く吐きながら発音します。激音は語頭でも語中でもにごりません。

字母	発音	発音の仕方
ㅋ	$[\mathrm{k}^{h}]$	「か行」より息を強く吐きながら発音。
ㅌ	$[\mathrm{t}^{h}]$	「た行」より息を強く吐きながら発音。
ㅍ	$[\mathrm{p}^{h}]$	「ぱ行」より息を強く吐きながら発音。
ㅊ	$[\mathrm{tʃ}^{h}]$	「ちゃ行」より息を強く吐きながら発音。

1 発音しながら書きましょう。 8

	ㅏ	ㅓ	ㅗ	ㅜ	ㅡ	ㅣ	ㅐ	ㅔ
ㅋ								
ㅌ								
ㅍ								
ㅊ								

2 発音してみましょう。 9

1）카드（カード） 2）노트（ノート） 3）커피（コーヒー）
4）우표（切手） 5）파티（パーティー） 6）스키（スキー）
7）고추（唐辛子） 8）치마（スカート） 9）피아노（ピアノ）

6. 子音（3）– 濃音

濃音は平音（ㄱ, ㄷ, ㅂ, ㅅ, ㅈ）を2つ並べた子音です。発音するときは、日本語の「っ」に続けるように、のどを緊張させて詰まらせながら発音します。濃音は語頭でも語中でもにごりません。

字母	発音	発音の仕方
ㄲ	[ʔk]	「まっか」の「っか」とほぼ同じ。
ㄸ	[ʔt]	「ばったり」の「った」とほぼ同じ。
ㅃ	[ʔp]	「やっぱり」の「っぱ」とほぼ同じ。
ㅆ	[ʔs]	「あっさり」の「っさ」とほぼ同じ。
ㅉ	[ʔtʃ]	「まっちゃ」の「っちゃ」とほぼ同じ。

1 発音しながら書きましょう。 10

	ㅏ	ㅓ	ㅗ	ㅜ	ㅡ	ㅣ	ㅐ	ㅔ
ㄲ								
ㄸ								
ㅃ								
ㅆ								
ㅉ								

2 発音してみましょう。 11

1）어깨（肩） 2）또（また） 3）뿌리（根）
4）비싸요（高いです） 5）짜요（塩辛いです） 6）찌개（チゲ）
7）싸요（安いです） 8）아빠（パパ） 9）토끼（ウサギ）

7. 母音 (3) – ワ行系の重母音

字母	発音	発音の仕方
ㅘ	[wa]	「ワ」とほぼ同じ発音。
ㅙ	[wɛ]	「ウェ」とほぼ同じ発音。
ㅚ	[we]	「ウェ」とほぼ同じ発音。
ㅝ	[wɔ]	「ウォ」とほぼ同じ発音。
ㅞ	[we]	「ウェ」とほぼ同じ発音。
ㅟ	[wi]	唇をすぼませた状態から「ウィ」。
ㅢ	[ɯi]	口を横に広げて「ウイ」。

※「ㅙ, ㅚ, ㅞ」の発音は3つとも「ウェ」と発音します。

※「ㅢ(의)」は3通りの発音があります。 ☞「発音の変化を参照」(p.24)

1 発音しながら書きましょう。 🎧12

	ㅘ	ㅙ	ㅚ	ㅝ	ㅞ	ㅟ	ㅢ
ㄱ							
ㄷ							
ㅂ							
ㅈ							

2 発音してみましょう。 🎧13

1) 과자(菓子)　2) 돼지(豚)　3) 의자(椅子)

4) 회의(会議)　5) 웨이터(ウェイター)　6) 샤워(シャワー)

8. パッチム

パッチムは「子音＋母音」の下につく子音のことで、「支え」という意味です。パッチムは大きく「響くパッチム（ㅁ, ㄴ, ㅇ, ㄹ）」と「詰まるパッチム（ㅂ（p型）, ㄷ（t型）, ㄱ（k型））」に分けられます。

◆ 響くパッチム　14

	発音の仕方	単語の例
암 [am]	「あんまく」の「あん」とほぼ同じ発音。口を閉じて、音を響かせる。	금（金） 봄（春）
안 [an]	「あんない」の「あん」とほぼ同じ発音。口を閉じず、舌先を上の歯茎につけて音を響かせる。	눈（雪、眼） 손（手）
앙 [aŋ]	「あんこく」の「あん」とほぼ同じ発音。口を開けて、舌の根元を喉の奥につけて音を響かせる。	빵（パン） 방（部屋）
알 [al]	「あら」と言いかけて途中で止めるような発音。舌先を丸めるようにして、上あごにつけて音を響かせる。	발（足） 길（道）

1 発音してみましょう。　15

1）김치（キムチ）　2）아침（朝）　3）산（山）
4）서울（ソウル）　5）가방（カバン）　6）홍차（紅茶）
7）점심（昼）　8）동생（弟・妹）　9）물（水）

※ 有声音化の発音に注意！
響くパッチム（ㅁ, ㄴ, ㅇ, ㄹ）後の「ㄱ, ㄷ, ㅂ, ㅈ」は有声音になります。
例）일본（日本）[ilbon]　한국（韓国）[hanguk]　☞「発音の変化」を参照（p.24）

2 有声音化に注意して、発音してみましょう。　16

1）한글（ハングル）　2）친구（友達）　3）불고기（プルゴギ）

◆詰まるパッチム

詰まるパッチムは「p型」、「t型」、「k型」の3つに分けられます。 17

	発音の仕方	種類と単語の例
압 [ap]	「あっぱく」の「あっ」とほぼ同じ発音。口をしっかり閉じて、息の流れを止める。	p型 (ㅂ)：ㅂ, ㅍ 입 (口) [입] 잎 (葉) [입]
앋 [at]	「あった」の「あっ」とほぼ同じ発音。口を閉じず、舌先を噛み息の流れを止める。	t型 (ㄷ)：ㄷ, ㅌ, ㅅ, ㅆ, ㅈ, ㅊ, ㅎ 맛 (味) [맏] 꽃 (花) [꼳]
악 [ak]	「あっけない」の「あっ」とほぼ同じ発音。口を開けて、舌の根元を上あごにつけて息の流れを止める。	k型 (ㄱ)：ㄱ, ㅋ, ㄲ 국 (スープ) [국] 밖 (外) [박] 부엌 (台所) [부억]

1 発音してみましょう。 18

1) 약(薬)　2) 맛(味)　3) 부엌(台所)
4) 책(本)　5) 입(口)　6) 지갑(財布)
7) 밖(外)　8) 수업(授業)　9) 끝(終わり)

※ 濃音化の発音に注意！

詰まるパッチム (p型、t型、k型) 後の「ㄱ, ㄷ, ㅂ, ㅅ, ㅈ」は濃音になります。

例) 합격 (合格) [합껵]　학교 (学校) [학꾜]　☞「発音の変化」を参照 (p.25)

2 濃音化に注意して、発音してみましょう。[　　　]に発音通りに書きましょう。 19

1) 숙제(宿題) [　　　　]　2) 잡지(雑誌) [　　　　]
3) 학생(学生) [　　　　]　4) 접시(皿) [　　　　]
5) 젓가락(箸) [　　　　]　6) 축구(サッカー) [　　　　]

◆ 2文字パッチム　20

パッチム	発音	例	連音化(下のPoint!参照)
ㄳ ㄺ	[ㄱ]	몫[목], 읽[익]	읽어요(読みます)[일거요]
ㄵ ㄶ	[ㄴ]	앉[안], 않[안]	앉아요(座ります)[안자요]
ㄼ ㄽ ㄾ ㅀ	[ㄹ]	짧[짤], 곬[골] 핥[할], 싫[실]	짧아요(短いです)[짤바요] 싫어요(嫌です)[시러요]
ㄻ	[ㅁ]	삶[삼]	삶이(生きることが)[살미]
ㅄ ㄿ	[ㅂ]	값[갑] 읊[읍]	값이(値段が)[갑씨] 읊어요(詩などを詠みます)[을퍼요]

★ Point!　2文字パッチムはこれで簡単に覚えられます！

1. 子音(ㄱ, ㄴ, ㄷ, ㄹ～)順の早い方を発音します。

   例)값(値段)　→　[갑]

2. パッチム「ㄻ」、「ㄿ」は例外的に「ㅁ」、「ㅍ」の方を発音します。

   例)삶(生きること)　→　[삼]

   　읊다(詩を詠む)　→　[읖다]　→　[읍다]　→　[읍따]

3. 2文字パッチムの後に音のない「ㅇ」が続く場合は、左側は残り、右側の子音が連音化します。

   例)앉아요(座ります)　→　[안자요]

1　[　　　]に発音通りに書いて、発音してみましょう。　21

1)닭(鶏)　[　　　　]　　2)값(値段)　[　　　　]

3)여덟(8つ)　[　　　　]　　4)읽다(読む)　[　　　　]

5)앉다(座る)　[　　　　]　　6)젊다(若い)　[　　　　]

半切表　(はんせつひょう)

	ㅏ [a]	ㅑ [ja]	ㅓ [ɔ]	ㅕ [jɔ]	ㅗ [o]	ㅛ [jo]	ㅜ [u]	ㅠ [ju]	ㅡ [ɯ]	ㅣ [i]
ㄱ [k / g]	가	갸	거	겨	고	교	구	규	그	기
ㄴ [n]	나	냐	너	녀	노	뇨	누	뉴	느	니
ㄷ [t / d]	다	댜	더	뎌	도	됴	두	듀	드	디
ㄹ [r / l]	라	랴	러	려	로	료	루	류	르	리
ㅁ [m]	마	먀	머	며	모	묘	무	뮤	므	미
ㅂ [p / b]	바	뱌	버	벼	보	뵤	부	뷰	브	비
ㅅ [s / ʃ]	사	샤	서	셔	소	쇼	수	슈	스	시
ㅇ [無音 / ŋ]	아	야	어	여	오	요	우	유	으	이
ㅈ [tʃ / dʒ]	자	쟈	저	져	조	죠	주	쥬	즈	지
ㅊ [tʃʰ]	차	챠	처	쳐	초	쵸	추	츄	츠	치
ㅋ [kʰ]	카	캬	커	켜	코	쿄	쿠	큐	크	키
ㅌ [tʰ]	타	탸	터	텨	토	툐	투	튜	트	티
ㅍ [pʰ]	파	퍄	퍼	펴	포	표	푸	퓨	프	피
ㅎ [h]	하	햐	허	혀	호	효	후	휴	흐	히

✿ 「ㅐ, ㅒ, ㅔ, ㅖ」は、「ㅅ, ㅇ」以外の子音の場合は、すべて「 ㅔ 」と発音します。

ㅐ [ɛ]	ㅒ [jɛ]	ㅔ [e]	ㅖ [je]	ㅘ [wa]	ㅙ [wɛ]	ㅚ [we]	ㅝ [wɔ]	ㅞ [we]	ㅟ [wi]	ㅢ [ɯi]
개	걔	게	계	과	괘	괴	궈	궤	귀	긔
내	냬	네	녜	놔	놰	뇌	눠	눼	뉘	늬
대	댸	데	뎨	돠	돼	되	둬	뒈	뒤	듸
래	럐	레	례	롸	뢔	뢰	뤄	뤠	뤼	릐
매	먜	메	몌	뫄	뫠	뫼	뭐	뭬	뮈	믜
배	뱨	베	볘	봐	봬	뵈	붜	붸	뷔	븨
새	섀	세	셰	솨	쇄	쇠	숴	쉐	쉬	싀
애	얘	에	예	와	왜	외	워	웨	위	의
재	쟤	제	졔	좌	좨	죄	줘	줴	쥐	즤
채	챼	체	쳬	촤	쵀	최	춰	췌	취	츼
캐	컈	케	켸	콰	쾌	쾨	쿼	퀘	퀴	킈
태	턔	테	톄	톼	퇘	퇴	퉈	퉤	튀	틔
패	퍠	페	폐	퐈	퐤	푀	풔	풰	퓌	픠
해	햬	헤	혜	화	홰	회	훠	훼	휘	희

9. 日本語のハングル表記

日本語をハングルで書く時は、以下のような規則に基づいて表記します。

日本語	ハングル	
	語頭	語中
あ い う え お	아 이 우 에 오	아 이 우 에 오
か き く け こ	가 기 구 게 고	카 키 쿠 케 코
さ し す せ そ	사 시 스 세 소	사 시 스 세 소
た ち つ て と	다 지 쓰 데 도	타 치 쓰 테 토
な に ぬ ね の	나 니 누 네 노	나 니 누 네 노
は ひ ふ へ ほ	하 히 후 헤 호	하 히 후 헤 호
ま み む め も	마 미 무 메 모	마 미 무 메 모
や ゆ よ	야 유 요	야 유 요
ら り る れ ろ	라 리 루 레 로	라 리 루 레 로
わ を	와 오	와 오
が ぎ ぐ げ ご	가 기 구 게 고	가 기 구 게 고
ざ じ ず ぜ ぞ	자 지 즈 제 조	자 지 즈 제 조
だ ぢ づ で ど	다 지 즈 데 도	다 지 즈 데 도
ば び ぶ べ ぼ	바 비 부 베 보	바 비 부 베 보
ぱ ぴ ぷ ぺ ぽ	파 피 푸 페 포	파 피 푸 페 포
きゃ きゅ きょ	갸 규 교	캬 큐 쿄
しゃ しゅ しょ	샤 슈 쇼	샤 슈 쇼
ちゃ ちゅ ちょ	자 주 조	차 추 초
にゃ にゅ にょ	냐 뉴 뇨	냐 뉴 뇨
ひゃ ひゅ ひょ	햐 휴 효	햐 휴 효
みゃ みゅ みょ	먀 뮤 묘	먀 뮤 묘
りゃ りゅ りょ	랴 류 료	랴 류 료
ぎゃ ぎゅ ぎょ	갸 규 교	갸 규 교
じゃ じゅ じょ	자 주 조	자 주 조
びゃ びゅ びょ	뱌 뷰 뵤	뱌 뷰 뵤
ぴゃ ぴゅ ぴょ	퍄 퓨 표	퍄 퓨 표
撥音(はつおん) ん	パッチム ㄴ	
促音(そくおん) っ	パッチム ㅅ	
長音(ちょうおん) ー	表記しません	

東京 (とうきょう)　도쿄　　新宿 (しんじゅく)　신주쿠

六本木 (ろっぽんぎ)　롯폰기　　銀座 (ぎんざ)　긴자

1. 次の日本語をハングルで書きましょう。

新宿 しんじゅく		浅草 あさくさ	
新潟 にいがた		秋葉原 あきはばら	
錦糸町 きんしちょう		飯田橋 いいだばし	
原宿 はらじゅく		鎌倉 かまくら	
表参道 おもてさんどう		仙台 せんだい	
九州 きゅうしゅう		北海道 ほっかいどう	
大阪 おおさか		熊本 くまもと	
ドラえもん		お好み焼き おこのみやき	
焼きそば やきそば		着物 きもの	
村上　春樹 むらかみ　はるき			
北条　正美 ほうじょう　まさみ			
・名前: ・出身地:		友達の名前など ・ ・ ・ ・ ・	

10. 発音の変化

01.「ㅢ(의)」の発音

1. 語頭で母音と一緒に使われる場合　→　[의]
   의사(医者)[의사]　의자(椅子)[의자]
2. 語頭以外の時や子音と一緒に使われる場合　→　[이]
   회의(会議)[회이]　주의(注意)[주이]　희망(希望)[히망]
3. 助詞(「~の」)として使われる場合　→　[에]
   나라의 보물(国の宝物)[나라에 보물]

02. 有声音化

1. 母音(パッチムのない字)の次の「ㄱ, ㄷ, ㅂ, ㅈ」は有声音になります。

✿ 고기(肉)[kogi]　→　[koki](×)
✿ 구두(靴)[kudu]　→　[kutu](×)
✿ 두부(豆腐)[tubu]　→　[tupu](×)
✿ 여자(女子)[jɔdʒa]　→　[jɔtʃa](×)

2. 響くパッチム(ㅁ, ㄴ, ㅇ, ㄹ)後の「ㄱ, ㄷ, ㅂ, ㅈ」は有声音になります。

✿ 감자(ジャガイモ)[kamdʒa]　→　[kamtʃa](×)
✿ 한국(韓国)[hanguk]　→　[hankuk](×)
✿ 공부(勉強)[kongbu]　→　[kongpu](×)
✿ 일본(日本)[ilbon]　→　[ilpon](×)

03. 連音化

1. パッチムの次に母音(ㅇ)で始まる文字が続く場合、パッチムは「ㅇ」の位置に移動して発音されます。

✿ 음악(音楽)　→　[으막]
✿ 한국어(韓国語)　→　[한구거]

2.「ㅇ」の連音化

「ㅇ」パッチムの後に「ㅇ」が続く場合は、そのまま丁寧に発音します。

✿ 강아지(子犬)[kang-a-dʒi]　✿ 고양이(子猫)[ko-jang-i]

04. ㅎ音の弱音化

1. 鼻音(ㄴ, ㅁ, ㅇ)・流音(ㄹ)パッチムの後の「ㅎ」は弱くなり「ㅇ」に変わります。

✿ 전화(電話) → [전와] → [저놔]
✿ 남한(南韓) → [남안] → [나만]
✿ 성함(お名前) → [성암]
✿ 잘하다(上手だ) → [잘아다] → [자라다]

2. パッチム「ㅎ」の後に「ㅇ」が来ると「ㅎ」は発音されません。

✿ 좋아요(良いです) → [조아요]

05. 濃音化

詰まるパッチム(p型、t型、k型)の後に「ㄱ, ㄷ, ㅂ, ㅅ, ㅈ」が続く場合、「ㄱ, ㄷ, ㅂ, ㅅ, ㅈ」は「ㄲ, ㄸ, ㅃ, ㅆ, ㅉ」に変わります。

✿ p型 습기(湿気) → [습끼]
접시(皿) → [접씨]
✿ t型 있다(ある) → [읻따]
숟가락(匙) → [숟까락]
젓가락(箸) → [젇까락]
✿ k型 학교(学校) → [학꾜]
식당(食堂) → [식땅]

06. 鼻音化

詰まるパッチム(p型、t型、k型)の次の子音に鼻音(ㄴ, ㅁ)が来ると、それぞれ鼻音(ㅁ, ㄴ, ㅇ)に変わります。

✿ 감사합니다(感謝します) → [감사함니다]
✿ 있는(ある) → [인는]
✿ 국내(国内) → [궁내]

07. 激音化

「ㅎ」前後に「ㄱ, ㄷ, ㅂ, ㅈ」が来ると、「ㄱ, ㄷ, ㅂ, ㅈ」はそれぞれ激音の「ㅋ, ㅌ, ㅍ, ㅊ」に変わります。

1. 詰まるパッチム(p型、t型、k型)の次の「ㅎ」は「ㅍ, ㅌ, ㅋ」に変わります。

✿ p型　입학(入学)　→　[이팍]　(ㅂ + ㅎ → ㅍ)
✿ t型　못하다(できない)　→　[모타다] (ㄷ + ㅎ → ㅌ)
✿ k型　백화점(百貨店)　→　[배콰점] (ㄱ + ㅎ → ㅋ)

2. パッチム「ㅎ」の次の「ㄱ, ㄷ, ㅂ, ㅈ」は「ㅋ, ㅌ, ㅍ, ㅊ」に変わります。

✿ 좋고(良くて) →　[조코]　✿ 좋다(良い)　→　[조타]
✿ 좋지(良いね) →　[조치]

08. 口蓋(こうがい)音化

パッチム「ㄷ」、「ㅌ」の次に「이」が来ると、それぞれ「지」、「치」に変わります。

✿ 굳이(あえて) →　[구지]　✿ 같이(一緒に) →　[가치]

09. 流音化

1. パッチム「ㄴ」の次に「ㄹ」、またはパッチム「ㄹ」の次に「ㄴ」が来ると、両方の「ㄴ」は「ㄹ」になります。

✿ 편리(便利)　→　[펼리]　✿ 설날(正月)　→　[설랄]

2. 漢字語の接尾辞が来ると「ㄴ＋ㄴ」になります。

✿ 생산량(生産+量)　→　[생산냥]

10. 流音「ㄹ」の鼻音化

1. 「ㅁ, ㅇ」パッチム後の「ㄹ」は「ㄴ」に発音されます。

✿ 심리(心理)　→　[심니]　✿ 대통령(大統領)　→　[대통녕]

2. 「ㄱ, ㅂ」パッチム後の「ㄹ」は「ㄴ」に発音され、「ㄱ, ㅂ」パッチムもそれぞれ「ㅇ,ㅁ」に発音されます。

✿ 독립(独立)　→　[동닙]　✿ 법률(法律)　→　[범뉼]

11. ㄴ添加

2つ以上の言葉を一気に発音する時に「ㄴ」発音が添加されます。合成語のパッチムの後に「야, 여, 요, 유, 이」が来ると「ㄴ」発音が添加され、それぞれ「냐, 녀, 뇨, 뉴, 니」に変わります。ㄴ添加は、鼻音化や流音化が同時に起こる時があります。

パッチム ＋ 야, 여, 요, 유, 이 → パッチム ＋ 냐, 녀, 뇨, 뉴, 니

1. ㄴ添加と鼻音化

ㄴ添加と鼻音化が同時に起きるのは、パッチム「ㄱ, ㄷ, ㅂ, ㅅ, ㅈ」の後に「야, 여, 요, 유, 이」が来る時です。「ㄴ」が添加された後に鼻音化が起き、「야, 여, 요, 유, 이」はそれぞれ「냐, 녀, 뇨, 뉴, 니」になります。

✿ ㄱ → ㅇ：한국 영화(韓国映画) → [한국녕와] → [한궁녕와]
✿ ㄷ → ㄴ：꽃잎(花びら) → [꼳닙] → [꼰닙]
✿ ㅂ → ㅁ：십육(16) → [십뉵] → [심뉵]
✿ ㅅ → ㄴ：나뭇잎(木の葉) → [나묻닙] → [나문닙]
✿ ㅈ → ㄴ：낮일(昼の仕事) → [낟닐] → [난닐]

2. ㄴ添加と流音化

ㄴ添加と流音化が同時に起きるのは、パッチム「ㄹ」の後に「야, 여, 요, 유, 이」が来る時です。「ㄴ」が添加された後に流音化が起き、「야, 여, 요, 유, 이」はそれぞれ「랴, 려, 료, 류, 리」になります。

✿ 지하철역(地下鉄駅) → [지하철녁] → [지하철력]
✿ 볼일(用事) → [볼닐] → [볼릴]

韓国語で挨拶しましょう。

＊留まる人に対して「안녕히 계세요」ということもできます。

会話編

アンニョンハセヨ！
私の名前は
キム　ミンスです。
韓国から来た留学生です。
私たちと一緒に
韓国語で話しましょう！
アンニョンハセヨ！
私の名前は
高橋エマです。
大学で韓国語を
勉強しています。

1課 일본 사람이에요.

会話の目標
- –은 / 는
- –이에요 / 예요
- –이에요 / 예요?
- –도

01. 会話 1　22

민수　안녕하세요? 저는 ①김 민수예요.
에마　안녕하세요? 저는 ②다카하시 에마예요.
민수　만나서 반가워요.
에마　저도 만나서 반가워요.

ミンス　こんにちは。私は金ミンスです。
エマ　こんにちは。私は高橋エマです。
ミンス　会えて嬉しいです。
エマ　私も会えて嬉しいです。

会話練習：下の表現を、会話1の①、②に入れ替えて、話しましょう。

例）① 김 민수　② 다카하시 에마
1）① 박 은종　② 사사키 아이
2）① 왕 예인　② 브래드 토마스

文法の説明

–은 / 는（〜は）

名詞の最後の文字にパッチムがあると「–은」、ないと「–는」をつけます。

例）일본은（日本は）　저는（私は）

–이에요 / –예요（〜です）　・ –이에요 / –예요?（〜ですか）

名詞の最後の文字にパッチムがあると「–이에요」、ないと「–예요」をつけます。
疑問文は「–이에요? / –예요?」と語尾をあげて発音します。

例）저는 학생이에요.（私は学生です）
　　친구는 가수예요.（友達は歌手です）

02. 会話2　23

민수　에마 씨는 일본 사람이에요?
에마　네, 맞아요. 일본 사람이에요.
민수　저는 한국 사람이에요.

ミンス　エマさんは日本人ですか。
エマ　はい、そうです。日本人です。
ミンス　私は韓国人です。

会話練習：会話1と会話2を参考に、自己紹介をしましょう。

例）에마　안녕하세요? 저는 다카하시 에마예요.
일본 사람이에요. 만나서 반가워요

1）＿＿＿＿：＿＿＿＿＿＿＿＿＿＿＿＿＿＿＿＿
＿＿＿＿＿＿＿＿＿＿＿＿＿＿＿＿

2）＿＿＿＿：＿＿＿＿＿＿＿＿＿＿＿＿＿＿＿＿
＿＿＿＿＿＿＿＿＿＿＿＿＿＿＿＿

文法の説明

–도（〜も）助詞

名詞の後に「–도」をつけます。

例）한국도(韓国も)　　저도(私も)

「〜人」は、「国名＋人(사람)」と表現します。

한국 사람	일본 사람	중국 사람	미국 사람	프랑스 사람	영국 사람
韓国人	日本人	中国人	米国人	フランス人	英国人

03. 単語　24

❉ 会話	❉ 文法・練習問題
□ 안녕하세요?　こんにちは	□ 학생　学生
□ 저　私	□ 친구　友達
□ -은 / 는　～は	□ 가수　歌手
□ -이에요 / 예요　～です	□ 중국　中国
□ 만나서 반가워요　会えて嬉しいです	□ 중국 사람　中国人
□ -도　～も	□ 미국　アメリカ(美国)
□ -씨　～さん(氏)	□ 미국 사람　アメリカ人
□ 일본　日本	□ 프랑스　フランス
□ 일본 사람　日本人	□ 프랑스 사람　フランス人
□ 네　はい	□ 영국　イギリス(英国)
□ 맞아요　その通りです	□ 영국 사람　イギリス人
□ 한국　韓国	
□ 한국 사람　韓国人	

04. 発音

✿ 사람이에요 [사라미에요]

✿ 맞아요 [마자요]

05. (応用会話)　ペアと一緒に文を完成して、話しましょう。

가 ________　안녕하세요? 저는 ______________________________

나 ________　안녕하세요? 저는 ______________________________

가 ________　만나서 반가워요.

나 ________　저도 만나서 반가워요.

가 ________　__________ 씨는 ____________________ 이에요?

나 ________　네, 그래요.

가 ________　저는 __________ 사람이에요.

06. 語彙を増やしましょう。　世界の人々

07. (聞き取り)　音声を聞いて(　　)の中に書きましょう。 25

미주	안녕하세요? 저는 (　　　　　　　　　).
겐	안녕하세요? 저는 겐이에요.
미주	만나서 반가워요.
겐	(　　　　　　) 만나서 반가워요.
미주	겐 씨는 (　　　　　　　　　　　)?
겐	네, 맞아요. 일본 사람이에요.

08. 練習問題

1 例のように、「〜さんは　〜人です」の文を書いて話しましょう。

例) 성원 씨 / 한국 사람　→　성원 씨는 한국 사람이에요.

1) 아이 씨 / 일본 사람　→ ____________________

2) 예인 씨 / 중국 사람　→ ____________________

3) 토마스 씨 / 미국 사람　→ ____________________

2 会話になるように、左の文と右の文を線で結びましょう。

1) 안녕하세요?	① ・	・**A** 저도 만나서 반가워요.
2) 사치 씨는 일본 사람이에요?	② ・	・**B** 네, 안녕하세요?
3) 만나서 반가워요.	③ ・	・**C** 네, 저는 일본 사람이에요.

3 韓国語で話しましょう。

1) 私はイギリス人です。　→ ____________________

2) シヨン(시연)さんは韓国人ですか。　→ ____________________

3) 私も会えて嬉しいです。　→ ____________________

コラム　年齢の数え方　나이를 세는 방법

エマ　韓国人は初めて会ったときに、どうして相手の年齢を知りたがるんですか？

ミンス　韓国には儒教の影響が残っていて、相手に失礼がないように年齢にふさわしい態度をとろうとする文化があるんです。

エマ　そうなんですか。でも、ミンスさんと私は同じ20歳だから気をつかわないで下さいね。

ミンス　あれ、私は21歳ですよ。

エマ　えっ、同じ年に生まれていますよね。

ミンス　ハハハ、韓国人は数え年で数えるんです。生まれたときは1歳、次の正月が来ると2歳と数えます。

エマ　じゃぁ12月31日に生まれた赤ちゃんは次の日には2歳になっちゃうの？

ミンス　はい。でも2023年6月から法律が変わるので、これからは日常生活でも満年齢を使うことが広まっていくと思います。

에마　한국인은 처음 만났을 때 왜 상대방의 나이를 알고 싶어해요?

민수　한국에는 유교의 영향이 남아 있어서, 상대방에게 실례가 되지 않도록, 나이에 맞게 태도를 취하려는 문화가 있어요.

에마　그렇구나. 하지만 민수 씨와 저는 같은 20(스무) 살이니까 신경쓰지 마세요.

민수　어? 저는 21(스물한) 살이에요.

에마　네? 동갑이잖아요.

민수　하하하, 한국인은 태어나자마자 1(한) 살, 다음해 설날이 오면 2(두) 살이 되는 거예요.

에마　그럼 12월 31일에 태어난 아기는 다음날에는 2(두) 살이 돼요?

민수　네. 그렇지만 2023년에 6월부터
법률이 바뀌니까, 앞으로는 일상생활에서도
만으로 나이를 표현할 거라고 생각하지만요.

2課 언니하고 여동생이 있어요.

会話の目標
- –이 / 가 있어요
- –이 / 가 없어요
- –하고
- –이 / 가 아니에요

01. 会話 1 26

민수 형제가 있어요?

에마 네, ①언니하고 여동생이 있어요.

민수 ②남동생도 있어요?

에마 아뇨, 없어요.

ミンス 兄弟がいますか。
エマ はい、姉と妹がいます。
ミンス 弟もいますか。
エマ いいえ、いません。

会話練習：下の表現を、会話1の①、②に入れ替えて、話しましょう。

例） ① 언니하고 여동생 ② 남동생
1） ① 언니하고 오빠 ② 여동생
2） ① 남동생하고 여동생 ② 언니

文法の説明

–이 / 가 있어요（～ があります / います）
–이 / 가 없어요（～がありません / いません）

存在を表し、人と物、動物などに使えます。疑問文は「–이 / 가 있어요?」と語尾をあげて発音します。～がありませんは「–이 / 가 없어요」になります。

例） 한복이 있어요.（韓服があります）
강아지가 있어요.（子犬がいます）
공원이 없어요.（公園がありません）
고양이가 없어요.（猫がいません）

02. 会話2 　27

민수　①언니는 ②회사원이에요?

에마　아뇨, ③회사원이 아니에요.

ミンス　お姉さんは会社員ですか。

エマ　いいえ、会社員ではありません。

会話練習

1 下の表現を、会話2の①、②、③に入れ替えて、話しましょう。

例）① 언니　　②、③ 회사원

1）① 언니　　②、③ 간호사

2）① 남동생　　②、③ 공무원

2 会話2を参考に、ペアにインタビューして書きましょう。

例）에마　　언니는 회사원이 아니에요. 선생님이에요.

1）________ ： ______________________________

2）________ ： ______________________________

文法の説明

–하고（〜と）

並列を表します。名詞のパッチムに関係なく「–하고」をつけます。

例）어머니하고 아버지（母と父）　　야구하고 축구（野球とサッカー）

–이 / 가 아니에요（〜ではありません）

名詞の最後の文字にパッチムがあると「–이 아니에요」を、ないと「–가 아니에요」をつけます。

例）책이 아니에요.（本ではありません）

가수가 아니에요.（歌手ではありません）

03. 単語　🎧28

❀ **会話**
- □ 형제　兄弟
- □ 언니　姉 (←妹から見て)
- □ 여동생　妹
- □ 남동생　弟
- □ -하고　〜と
- □ 아뇨　いいえ
- □ -이 / 가 있어요
　　〜があります / います
- □ -이 / 가 없어요
　　〜がありません / いません
- □ 회사원　会社員
- □ -이 / 가 아니에요
　　〜ではありません
- □ 선생님　先生

❀ **文法・練習問題**
- □ 오빠　兄 (←妹から見て)
- □ 누나　姉 (←弟から見て)

- □ 형　兄 (←弟から見て)
- □ 한복　韓服
- □ 강아지　子犬
- □ 공원　公園
- □ 고양이　猫
- □ 간호사　看護師
- □ 의사　医者
- □ 공무원　公務員
- □ 가족　家族
- □ 가수　歌手
- □ 아나운서　アナウンサー
- □ 어머니　母
- □ 아버지　父
- □ 야구　野球
- □ 축구　サッカー
- □ 책　本
- □ 고등학생　高校生 (高等学生)
- □ 나　私
- □ 남자　男性 (男子)
- □ 여자　女性 (女子)

04. 発音

✿ 있어요 [이써요]
✿ 회사원이 [회사워니]

✿ 없어요 [업써요]
✿ 선생님이에요 [선생니미에요]

05. (応用会話)　ペアと一緒に文を完成して、話しましょう。

가 ________　　________ 씨는 형제가 있어요?

나 ________　　네 / 아뇨, ________________________

가 ________　　________________________________

나 ________　　네 / 아뇨, ________________________

가 ________　　________는 ____________이에요 / 예요?

나 ________　　네 / 아뇨, ________________________

____

06. 語彙を増やしましょう。　家族

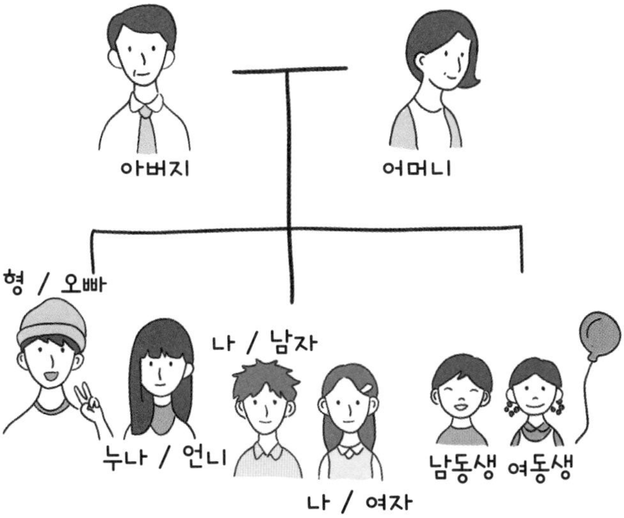

07. (聞き取り)　音声を聞いて (　　) の中に書きましょう。 29

케이　은진 씨는 형제가 있어요?
은진　네, (　　　　　　) 남동생이 있어요.
케이　언니도 있어요?
은진　아뇨, 언니는 (　　　　　　).
케이　여동생은 대학생이에요?
은진　아뇨, 대학생이 아니에요. (　　　　　　　　　　).

08. 練習問題

1 「○은 / 는　-이 / 가 있어요, 없어요」(兄弟)を書いて話しましょう。

例) 마에 씨 / 언니하고 오빠　→ 마에 씨는 언니하고 오빠가 있어요.

1) 성진 씨 / 형하고 누나　→ ______________________
2) 료 씨 / 여동생　→ ______________________
3) 마에 씨 / 형제가 없어요　→ ______________________
4) 自分：　→ 저는______________________

2 会話になるように、左の文と右の文を線で結びましょう。

1) 형제가 있어요?　① ・　・ **A** 아뇨, 의사예요.
2) 어머니는 아나운서예요?　② ・　・ **B** 네, 남동생이 있어요.
3) 누나도 있어요?　③ ・　・ **C** 네, 누나도 있어요.

3 韓国語で話しましょう。

1) 妹と弟がいます。　→ ______________________
2) チヒロさんは兄弟がいますか。　→ ______________________
3) お父さんは公務員ですか。　→ ______________________

コラム　ご飯は食べましたか　식사했어요?

エマ　　ミンスさん, おはようございます。今日はいい天気ですね。

ミンス　おはようございます。日本ではあいさつでよく天気の話をしますね。

エマ　　韓国ではどうですか?

ミンス　ご飯は食べましたか?

エマ　　えっ?

ミンス　韓国ではあいさつとしてこういう言い方がよく使われます。

エマ　　なんて答えればいいのかしら?

ミンス　"はい"と答えればいいですよ。"いいえ"と答えたら、一緒に食べましょうかと誘われるかもしれませんよ。

エマ　　好きな相手ならば、わざと"いいえ"と答えて、食事に誘ってもらう機会を作ることもできますね。(笑)

에마　민수 씨, 안녕하세요? 오늘 날씨가 좋네요.

민수　안녕하세요? 일본에서는 인사로 날씨 얘기를 할 때가 많네요.

에마　한국은 어때요?

민수　식사했어요?

에마　네에?

민수　한국에서는 인사말로 이렇게 말할 때가 많아요.

에마　그럴 때는 뭐라고 대답하면 돼요?

민수　"네"라고 대답하면 돼죠.
"아뇨"라고 하면 "같이 먹을까요? "라고 할지도 모르겠네요.

에마　좋아하는 상대라면, 일부러 "아뇨"라고 대답하고 같이 식사할 기회를 만들 수도 있겠네요. ㅎㅎ

3課 | 하라주쿠에서 쇼핑해요.

会話の目標
- –을 / 를
- –에서
- 아요 / 어요 (해요体)
- –네요
- 漢数詞

01. 会話 1 30

민수　에마 씨, 내일 뭐 해요?

에마　①하라주쿠에서 쇼핑해요.
　　　민수 씨는요?

민수　저는 ②학교에서 친구를 만나요.

ミンス　エマさん、明日何をしますか。
エマ　原宿でショッピングします。ミンスさんは？
ミンス　私は学校で友達に会います。

会話練習：下の表現を、会話1の①、②に入れ替えて、話しましょう。

例）① 하라주쿠에서 쇼핑하다　② 학교에서 친구를 만나다
1）① 도서관에서 숙제하다　② 공원에서 강아지하고 산책하다
2）① 공원에서 운동하다　② 시부야에서 옷을 사다

文法の説明

–을 / 를 (～を)

名詞の最後の文字にパッチムがあると「–을」、ないと「–를」をつけます。

例）비빔밥을 먹어요.（ビビンパを食べます）
　　주스를 마셔요.（ジュースを飲みます）

–에서 (～で 場所)

名詞のパッチムに関係なく「–에서」をつけます。

例）도서관에서 숙제해요.（図書館で宿題します）
　　공원에서 운동해요.（公園で運動します）

–아요 / 어요 (해요体)　(～です・ます)　☞ 参照(p.47)

02. 会話2 31

민수　가방이 ①예쁘네요.
에마　고마워요.
민수　얼마예요?
에마　②18,000(만 팔천) 엔이에요.

ミンス　カバンがかわいいですね。
エマ　ありがとう。
ミンス　いくらですか。
エマ　18,000円です。

会話練習：下の表現を、会話2の①、②に入れ替えて、話しましょう。

例）① 예쁘다　　② 18,000엔 (만 팔천 엔)
1）① 멋있다　　② 32,000엔
2）① 귀엽다　　② 5,920엔

文法の説明

–네요 (～ですね)

同感や感嘆を表します。用言(動詞・形容詞)の語幹が「ㄹ」パッチムの時は「ㄹ」が脱落して「-네요」、その他はパッチムに関係なく「-네요」をつけます。名詞は、名詞の最後の文字にパッチムがあると「–이네요」、ないと「–네요」がつきます。

例） 김치가 맛있네요. (キムチが美味しいですね)
가방이 비싸네요. (カバンが少し高いですね)
비빔밥을 잘 만드네요. (ビビンパ作りが上手ですね)
생일이 여름이네요. (誕生日が夏ですね)
멋있는 배우네요. (ステキな俳優ですね)

数詞 (漢数詞)　☞ 参照(p.48)

03. 単語 🎧32

❋ **会話**

- [] 내일　明日
- [] 뭐 하다　何をする
- [] 쇼핑하다
　　ショッピングする
- [] −은 / 는요?　〜はどうですか
- [] 친구를 만나다　友達に会う
- [] 가방　カバン
- [] 예쁘다　きれいだ
- [] 학교　学校
- [] 고마워요　ありがとう
- [] 얼마예요?　いくらですか
- [] 엔　円

❋ **文法・練習問題**

- [] 도서관　図書館
- [] 숙제하다　宿題する
- [] 산책하다　散策する
- [] 운동하다　運動する
- [] 카페　カフェ
- [] 비빔밥　ビビンパ

- [] 먹다　食べる
- [] 주스　ジュース
- [] 마시다　飲む
- [] 옷을 사다　服を買う
- [] 귀엽다　可愛い
- [] 김치　キムチ
- [] 맛있다　美味しい
- [] 비싸다　(値段が) 高い
- [] 만들다　作る
- [] 생일　誕生日 (生日)
- [] 여름이다　夏だ
- [] 멋있다　素敵だ
- [] 멋있는 배우　素敵な俳優
- [] 스마트폰　スマートフォン
- [] 노트북　ノート型PC
- [] 티켓　チケット
- [] 어디　どこ
- [] 사다　買う
- [] 구두　靴
- [] 잘　よく、上手に
- [] 어울리다　似合う

04. 発音

❀ 민수 씨는요? [민수씨는뇨]

❀ 만 팔천 엔이에요 [만팔처네니에요]

05. (応用会話)　ペアと一緒に文を完成して、話しましょう。

가 ________　________ 씨, 내일 뭐 해요?

나 ________　________ 에서 ________________

　　　　　　________ 씨는요?

가 ________　저는 ________________

◇ ◇ ◇

가 ________　________________

나 ________　고마워요.

가 ________　얼마예요?

나 ________　________________

06. 語彙を増やしましょう。　日にち・曜日など

昨日	今日	明日	明後日
어제	오늘	내일	모레

先週	今週	来週
지난주	이번 주	다음 주

日曜日	月曜日	火曜日	水曜日	木曜日	金曜日	土曜日
일요일	월요일	화요일	수요일	목요일	금요일	토요일

07. (聞き取り)　音声を聞いて（　　）の中に書きましょう。 33

설화　세나 씨, 내일 뭐 해요?
세나　시부야에서 (　　　　　　　　). 설화 씨는요?
설화　저는 공원에서 (　　　　　　　　).

◇ ◇ ◇

설화　옷이 멋있네요.
세나　고마워요.
설화　얼마예요?
세나　(　　　　　　　　)이에요.

08. 練習問題

1　(　)に 1)～4) を入れて会話を完成し、話しましょう。

例）가　(　　　　) 이 / 가 얼마예요?
　　나　(　　　　) 원이에요.

1）스마트폰 / 54,000엔　　2）노트북 / 126,000엔
3）티켓 / 3,700엔　　4）구두 / 8,320엔

2　会話になるように、左の文と右の文を線で結びましょう。

1）일요일에 뭐 해요?　① ・　・ **A** 롯폰기에서 만나요.
2）어디에서 친구를 만나요?　② ・　・ **B** 시부야에서 옷을 사요.
3）한복이 잘 어울리네요.　③ ・　・ **C** 고마워요.

3　韓国語で話しましょう。

1）明日カフェで妹に会います。　→ ____________________
2）ジュースとキムチを買います。　→ ____________________
3）ビビンパが美味しいですね。　→ ____________________

✿ –아요 / 어요 (해요体) (～です・ます)

日常会話で使う表現です。 ☞ 問題 (p.125)

語幹が陽母音 (ㅏ, ㅗ) の場合 ： 語幹 ＋ **아요** 語幹が陰母音 (ㅏ, ㅗ以外) の場合 ： 語幹 ＋ **어요**

1 語幹にパッチムがあるとき ：「–아요 / 어요」が規則的にきます。(A)

ㅏ、ㅗの場合	ㅏ ＋ 아요 → ㅏ아요 ㅗ ＋ 아요 → ㅗ아요	살다 : 살 ＋ 아요 → 살아요 住みます 좋다 : 좋 ＋ 아요 → 좋아요 良いです
ㅏ、ㅗ 以外	ㅓ ＋ 어요 → ㅓ어요 ㅜ ＋ 어요 → ㅜ어요	먹다 : 먹 ＋ 어요 → 먹어요 食べます 웃다 : 웃 ＋ 어요 → 웃어요 笑います

2 語幹にパッチムがないとき

▶ 「–아요」の場合 :「아」が脱落、または複合されます。(B)

✿ 語幹の「ㅏ」と「아」が重なって「아」が脱落される。

ㅏの場合	ㅏ ＋ 아요 → ㅏ요	사다 : 사 ＋ 아요 → 사요 買います

✿ 語幹の「ㅗ」と「아」が複合される。

ㅗの場合	ㅗ ＋ 아요 → ㅘ요	보다 : 보 ＋ 아요 → 봐요 見ます

▶ 「–어요」の場合 :「어」が脱落、または複合されます。(C)

✿ 語幹の「ㅓ, ㅐ, ㅔ, ㅕ」と「어」が重なって「어」が脱落される。

ㅓの場合	ㅓ ＋ 어요 → ㅓ요	서다 : 서 ＋ 어요 → 서요 立ちます
ㅐの場合	ㅐ ＋ 어요 → ㅐ요	보내다 : 보내 ＋ 어요 → 보내요 送ります
ㅔの場合	ㅔ ＋ 어요 → ㅔ요	세다 : 세 ＋ 어요 → 세요 数えます
ㅕの場合	ㅕ ＋ 어요 → ㅕ요	펴다 : 펴 ＋ 어요 → 펴요 広げます

✿ 語幹の「ㅣ, ㅜ, ㅚ」と「어」が複合される。

ㅣの場合	ㅣ ＋ 어요 → ㅕ요	마시다 : 마시 ＋ 어요 → 마셔요 飲みます
ㅜの場合	ㅜ ＋ 어요 → ㅝ요	배우다 : 배우 ＋ 어요 → 배워요 学びます
ㅚの場合	ㅚ ＋ 어요 → ㅙ요	되다 : 되 ＋ 어요 → 돼요 (～に)なります

3 「–하다」は「–해요」になります。(D)

–하다の場合	하 ＋ 여요 → 해요	일하다 → 일해요 働きます

✿ 数詞（漢数詞）

漢数詞は漢字の音読みをします。日にちや番号、値段などを数えるときに使います。

1	2	3	4	5	6	7	8	9	10
일	이	삼	사	오	육	칠	팔	구	십
11	12	13	14	15	16	17	18	19	20
십일	십이	십삼	십사	십오	십육	십칠	십팔	십구	이십
30	40	50	60	70	80	90	100	1,000	10,000
삼십	사십	오십	육십	칠십	팔십	구십	백	천	만

「0」は「영」、「공」と言います。

「십육」は「심뉵」と発音します。

年	1967년	1982년	2002년	2023년
	천구백육십칠 년	천구백팔십이 년	이천이 년	이천이십삼 년
	몇 년이에요? (何年ですか) → 이천이십 년이에요. (2020年です)			

月	1月	2月	3月	4月	5月	6月	7月	8月	9月	10月	11月	12月
	일월	이월	삼월	사월	오월	유월	칠월	팔월	구월	시월	십일월	십이월
	몇 월이에요? (何月ですか) → 유월이에요. (6月です)											

日	1日	2日	3日	4日	5日	6日	7日	8日	9日	10日
	일 일	이 일	삼 일	사 일	오 일	육 일	칠 일	팔 일	구 일	십 일
	오늘은 몇 월 며칠이에요? (今日は何月何日ですか) → 시월 십칠 일이에요. (10月17日です)									

分	1分	2分	3分	4分	5分	6分	7分	8分	9分	10分
	일 분	이 분	삼 분	사 분	오 분	육 분	칠 분	팔 분	구 분	십 분
	지금 몇 분이에요? (今、何分ですか) → 사십오 분이에요. (45分です)									

値段	800원	2,500원	10,000원	452,015원
	팔백 원	이천오백 원	만 원	사십오만 이천십오 원
	얼마예요? (いくらですか) → 만 구천 원이에요. (19,000ウォンです)			

コラム　キャッシュレス決済　캐시리스 결제

ミンス　日本で買い物をしていて困る時があります。

エマ　どんな時ですか？

ミンス　現金払いしかできない店が多いことです。現金を持っていなくて、欲しいものを買えない時がよくあります。

エマ　そうか、韓国はキャッシュレス決済がすすんでいるんでしたね。

ミンス　そうです。韓国ではほとんどの店で信用カードが使えるのに。

エマ　信用カードって何？

ミンス　あぁクレジットカードのことです。ほらcreditは信用という意味じゃないですか。エマさん知っていますよね？

エマ　も, もちろんよ（知らなかった…）。

민수　일본에서 쇼핑할 때 곤란할 때가 있어요.

에마　언제요?

민수　현금밖에 안 받는 가게가 많아서요. 현금이 없어서 사고 싶은 것을 못 살 때가 자주 있거든요.

에마　맞아요. 한국에서는 캐시리스 결제가 많다고 들었어요.

민수　네. 한국에서는 보통 가게에서 신용 카드를 사용할 수 있는데….

에마　신용 카드가 뭐예요?

민수　크레딧 카드요. Credit은 신용이라는 의미가 있잖아요? 에마 씨 알고 있죠?

에마　무…물론이에요(실은 몰랐다…).

会話の目標
- ✿ –에
- ✿ –이 / 가
- ✿ 過去形
- ✿ 固有数詞
- ✿ –한테, 에게
- ✿ –잖아요

4課 | 친구 생일 파티를 했어요.

01. 会話 1 🎧34

에마　지난주 토요일에 뭐 했어요?

민수　①<u>친구 생일 파티를 했어요</u>.

에마　몇 명이 모였어요?

민수　②<u>10(열) 명</u>이 같이 만났어요.

エマ　先週の土曜日に何をしましたか。
ミンス　友達の誕生日パーティーをしました。
エマ　何人集まりましたか。
ミンス　10人一緒に会いました。

✿ 会話練習：下の表現を、会話1の①、②に入れ替えて、話しましょう

例）① 친구 생일 파티를 했다　② 10명 (열 명)
1）① 친구랑 운동했다　② 2명
2）① 아이돌 굿즈를 샀다　② 3명

✿ 文法の説明

✿ –에 (〜に)

日時や場所などにつけます。

例）토요일에 한국에 가요. (土曜日に韓国に行きます)

＊ 어제 (昨日)、오늘 (今日)、내일 (明日) は「-에」をつけません。

✿ –이 / 가 (〜が)

名詞の最後の文字にパッチムがあると「–이」、ないと「–가」をつけます。

例）일본이 (日本が)　　영화가 (映画が)

✿ 過去形 (–았 / 었어요)　☞ 参照(p. 55)

✿ 数詞 (固有数詞)　☞ 参照(p. 56)

02. 会話2 🎧35

에마　친구한테 선물했어요?
민수　네. ①한국 인형을 ②2(두) 개 선물했어요.
　　　1(한)개는 정이 없잖아요.
에마　맞아요! 한국 사람은 정이 많아요.

エマ　友達にプレゼントしましたか。
ミンス　もちろんです。韓国の人形を2個プレゼントしました。
　　　1個はさびしいじゃないですか（直訳：情がないじゃないですか）。
エマ　確かに! 韓国人は太っ腹ですからね（直訳：情が深いですからね）。

会話練習：下の表現を、会話2の①、②に入れ替えて、話しましょう。

例）	① 한국 인형	② 2개 (두 개)
1）	① 콘서트 티켓	② 3장
2）	① 한국 과자	② 5개

文法の説明

–한테 / –에게（～に　人や動物）

話し言葉で、人や動物を表す名詞につけます。「–에게」は書き言葉でも使えます。

例）　친구한테 선물했어요.（友達にプレゼントしました）
　　　고양이에게 먹이를 주었어요.（猫に餌をあげました）

–잖아요（～じゃないですか）

話し言葉で、断言せずに控えめに意見を述べる時に使います。用言の語幹にパッチム関係なく「–잖아요」をつけます。名詞は、最後の文字にパッチムがあると「–이잖아요」、ないと「–잖아요」をつけます。

例）　가수는 노래를 잘 하잖아요.（歌手は歌が上手じゃないですか）
　　　주스는 달잖아요.（ジュースは甘いじゃないですか）
　　　오늘은 일요일이잖아요.（今日は日曜日じゃないですか）
　　　이것은 사과잖아요.（これはりんごじゃないですか）

03. 単語 🎧36

※ 会話

□ 파티　パーティー
□ 지난주　先週
□ 뭐 했어요?　何をしましたか
□ 몇　いくつ、何
□ 명　名
□ 모이다　集まる
□ 같이　一緒に
□ -한테　～に(人・動物に)
□ 선물하다　プレゼントする
□ 개　個
□ 정이 없다　情が薄い(ない)
□ 정이 많다　情が厚い(多い)
□ 맞아요　その通りです

※ 文法・練習問題

□ 아이돌 굿즈　アイドルグッズ
□ 콘서트　コンサート
□ 과자　お菓子
□ 먹이를 주다　餌をあげる
□ 노래　歌
□ 달다　甘い
□ 사과　リンゴ
□ 선물을 주다
　プレゼントをあげる
□ 1대
　1台 (機械などを数える単位)
□ 2벌　2着 (服を数える単位)
□ 언제　いつ
□ 대학교　大学 (大学校)
□ 입학하다　入学する

04. 発音

❁ 했어요 [해써요]
❁ 모였어요 [모여써요]
❁ 만났어요 [만나써요]
❁ 인형을 [이녕을]
❁ 맞아요 [마자요]
❁ 많아요 [마나요]

❁ 몇 명 [면명]
❁ 같이 [가치]
❁ 선물했어요 [선무래써요]
❁ 없잖아요 [업짜나요]
❁ 사람은 [사라믄]

05. (応用会話)　ペアと一緒に文を完成して、話しましょう。

가 ________　________________________ 에 뭐 했어요?

나 ________　________________________________

가 ________　몇 명이 모였어요?

나 ________　__________ 이 / 가 ________________

가 ________　__________ 한테 ________________

나 ________　네, ____________________________

가 ________　맞아요. __________________________

06. 語彙を増やしましょう。　アイドル、SNS

콘서트 티켓을 예매하다	コンサートチケットを予約する
콘서트에 가다	コンサートに行く
아이돌을 만나다	アイドルに会う
팬미팅에 가다	ファンミーティングに行く
아이돌 굿즈를 사다	アイドルグッズを買う
티켓이 매진되다	チケットが売り切れる
카톡을 보내다	カトックを送る
유튜브를 보다	ユーチューブを見る
인스타그램을 하다	インスタをする

07. (聞き取り)　音声を聞いて（　　）の中に書きましょう。 37

겐타　지난 주 일요일에 뭐 했어요?
시연　남동생 (　　　　　　　　)를 했어요.
겐타　몇 명이 모였어요?
시연　5명이 (　　　　　　　　).
겐타　남동생한테 생일 선물을 줬어요?
시연　네, 티켓을 2장 선물했어요.
　　　1개는 (　　　　　　　　　　).
겐타　맞아요. 한국 사람들은 정이 많아요.

08. 練習問題

1 (　)に 1)〜4) を入れて会話を完成し、話しましょう。

例) 가　(　　　　　　　　) 은 / 는 (　　　　) 에 얼마예요?
　　나　(　　　　　) 이에요.

1) 사과 / 5개 / 5,800원　　2) 노트북 / 1대 / 1,578,000원
3) 사진 / 500장 / 21,080원　　4) 한복 / 2벌 / 325,340원

2 会話になるように、左の文と右の文を線で結びましょう。

1) 언제 대학교에 입학했어요?　① ・　　・ **A** 4월에 입학했어요.
2) 어디에서 언니를 만났어요?　② ・　　・ **B** 가방을 선물했어요.
3) 친구한테 뭐 선물했어요?　③ ・　　・ **C** 긴자에서 만났어요.

3 韓国語で話しましょう。

1) 母の誕生日は水曜日でした。　→ ______________________
2) 家族に写真を送りました。　→ ______________________
3) 友達に人形をあげました。　→ ______________________

✿ -았 / 었어요（過去形）（〜でした）

過去形は、語幹の母音によって異なります。

語幹が陽母音（ㅏ, ㅗ）の場合：語幹 ＋ **았어요**
語幹が陰母音（ㅏ, ㅗ以外）の場合 語幹 ＋ **었어요**

1 語幹にパッチムがあるとき：「-았 / 었어요」が規則的になります。(A)

ㅏ、ㅗの場合	ㅏ ＋ 았어요	살다 : 살 ＋ 았어요 → 살았어요 住みました
	ㅗ ＋ 았어요	좋다 : 좋 ＋ 았어요 → 좋았어요 良かったです
ㅏ、ㅗ 以外	ㅓ ＋ 었어요	먹다 : 먹 ＋ 었어요 → 먹었어요 食べました
	ㅜ ＋ 었어요	웃다 : 웃 ＋ 었어요 → 웃었어요 笑いました

2 語幹にパッチムがないとき

▶ 「-았어요」の場合：「아」が脱落、または複合されます。(B)

✿ 語幹の「ㅏ」と「-았어요」の「아」が重なって、「아」が脱落される。

ㅏの場合	ㅏ＋ 았어요ㅏの場合	사다 : 사 ＋ 았어요 → 샀어요 買いました

✿ 語幹の「ㅗ」と「**았**」が複合される。

ㅗの場合	ㅗ ＋ 았어요	보다 : 보 ＋ 았어요 → 봤어요 見ました

▶ 「-었어요」の場合：「어」が脱落、または複合されます。(C)

✿ 語幹の「ㅓ, ㅐ, ㅔ, ㅕ」と「-었어요」の「어」が重なって、「어」が脱落される。

ㅓの場合	ㅓ ＋ 었어요	서다 : 서 ＋ 었어요 → 섰어요 立ちました
ㅐの場合	ㅐ ＋ 었어요	보내다 : 보내 ＋ 었어요 → 보냈어요 送りました
ㅔの場合	ㅔ ＋ 었어요	세다 : 세 ＋ 었어요 → 셌어요 数えました
ㅕの場合	ㅕ ＋ 었어요	펴다 : 펴 ＋ 었어요 → 폈어요 広げました

✿ 語幹の「ㅣ, ㅜ, ㅚ」と「었」が複合される。

ㅣの場合	ㅣ ＋ 었어요	시다 : 시 ＋ 었어요 → 셨어요 酸っぱかったです
ㅜの場合	ㅜ ＋ 었어요	배우다 : 배우 ＋ 었어요 → 배웠어요 学びました
ㅚの場合	ㅚ ＋ 었어요	되다 : 되 ＋ 었어요 → 됐어요 （〜に）なりました

3「-하다」は「-했어요」になります。(D)

-하다の場合	하 ＋ 였어요	일하다 : 일하 ＋ 였어요→ 일했어요 働きました

★ **Point!**

過去形は、「–아요 / 어요」から「–요」を取って、「–ㅆ어요」、「–ㅆ다」をつけると簡単にできます。 例) 마시다 → 마셔요 → 마셨어요 / 마셨다

✿ 数詞 (固有数詞)

固有数詞は、年齢や時間、個、枚、回数、人数を数えるときに使います。

1つ	2つ	3つ	4つ	5つ	6つ	7つ	8つ	9つ	十
하나	둘	셋	넷	다섯	여섯	일곱	여덟	아홉	열
11	12	13	14	15	16	17	18	19	20
열하나	열둘	열셋	열넷	열다섯	열여섯	열일곱	열여덟	열아홉	스물
30	40	50	60	70	80	90	99	100	101
서른	마흔	쉰	예순	일흔	여든	아흔	아흔아홉	백	백하나

固有数詞は1～99まで。100からは漢数詞として数えます。

例) 25 스물다섯　　78 일흔여덟

✿ 助数詞がつくとき、「1」、「2」、「3」、「4」、「20」は次のように変わります。

	살 (歳)	시 (時)	개 (個)	명 (名)
하나 → 한	한 살	한 시	한 개	한 명
둘 → 두	두 살	두 시	두 개	두 명
셋 → 세	세 살	세 시	세 개	세 명
넷 → 네	네 살	네 시	네 개	네 명
스물 → 스무	스무 살		스무 개	스무 명

나이 年齢	1歳	2歳	3歳	4歳	5歳	6歳	7歳
	한 살	두 살	세 살	네 살	다섯 살	여섯 살	일곱 살
	8歳	9歳	10歳	11歳	20歳	30歳	40歳
	여덟 살	아홉 살	열 살	열한 살	스무 살	서른 살	마흔 살
	50歳	60歳	70歳	80歳	90歳	100歳	101歳
	쉰 살	예순 살	일흔 살	여든 살	아흔 살	백 살	백한 살
	例) 몇 살이에요? (何歳ですか) → 열아홉 살이에요. (19歳です)						

시간 時間	1時	2時	3時	4時	5時	6時
	한 시	두 시	세 시	네 시	다섯 시	여섯 시
	7時	8時	9時	10時	11時	12時
	일곱 시	여덟 시	아홉 시	열 시	열한 시	열두 시
	例) 몇 시예요? (何時ですか) → 열한 시 이십 분이에요. (11時20分です)					

コラム　手をつなぐ　손을 잡다

エマ　　ミンスさん、昨日男の人と一緒にいましたね?

ミンス　はい、私の友だちです。

エマ　　聞きにくいけれど思い切って聞きますね。二人は特別な関係なのですか?

ミンス　えっそんなことはありません。どうしてそう思ったのですか?

エマ　　だって二人で手をつないで歩いていたじゃないですか。

ミンス　韓国人は親しさをスキンシップで表現することが多いんです。女性はよく手をつないでいるし、男性もふざけて手をつなぐことがあります。

エマ　　あぁよかった。

ミンス　なぜですか?

エマ　　さぁどうしてかしら。

에마　민수 씨, 어제 남자와 함께 있었지요?

민수　네, 내 친구예요.

에마　물어보기 어렵지만 과감히 질문할게요. 두 사람은 특별한 관계예요?

민수　무슨 그런 말씀을… 근데 왜 그렇게 생각했어요?

에마　둘이서 손을 잡고 걷고 있는 걸 봤거든요.

민수　한국인은 친한 사이에서는 스킨십을 표현하는 경우가 많아요. 여자들은 손을 잡거나 팔짱을 끼고, 남자도 가끔 장난으로 손 잡고 걸을 때도 있지요.

에마　아! 다행이에요.

민수　왜요?

에마　후후, 글쎄요….

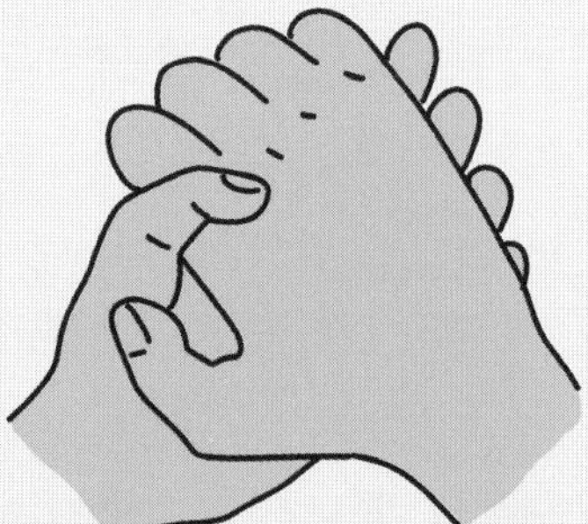

5課　만두를 드세요.

会話の目標
- ❀ –을 / ㄹ까요?
- ❀ –으세요 / 세요（丁寧な命令）
- ❀ –이랑 / 랑
- ❀ 이 / 그 / 저
- ❀ 안

01. 会話 1　🎧38

점원　어서 오세요. 뭐 드릴까요?

에마　①김밥 1(일) 인분이랑

　　　②떡볶이 2(이) 인분 주세요.

점원　네, 잠깐만 기다리세요.

店員　いらっしゃいませ。何になさいますか。
エマ　キンパ1人前とトッポッキ2人前ください。
店員　はい、少々お待ちください。

❀ 会話練習：下の表現を、会話1の①、②に入れ替えて、話しましょう

例）① 김밥 1(일) 인분　　② 떡볶이 2(이) 인분
1）① 삼겹살 3 인분　　② 매운탕 2 인분
2）① 계란찜 1 인분　　② 부대찌개 4 인분

❀ 文法の説明

❀ –을까요? / ㄹ까요?（～しましょうか）

相手に提案する際に使います。動詞の語幹にパッチムがあると「–을까요?」、ないと「–ㄹ까요?」、ㄹパッチムは「ㄹ」が脱落し「–ㄹ까요?」です。

例）책을 읽을까요?（本を読みましょうか）
　　공원에 갈까요?（公園に行きましょうか）
　　강아지 집을 만들까요?（子犬の家を作りましょうか）

❀ –으세요 / 세요（～してください）

丁寧な命令を表します。用言の語幹にパッチムがあると「–으세요」、ないときやㄹパッチムは「ㄹ」が脱落し「–세요」をつけます。

例）신문을 읽으세요.（新聞を読んでください）
　　우리집에 오세요.（我が家に来てください）
　　집에서 떡볶이를 만드세요.（家でトッポッキを作ってください）

02. 会話2 39

에마　이 집 참 맛있네요.

민수　①떡볶이는 맛이 어때요?

에마　맛있어요. 하지만 좀 매워요.

민수　그럼 ②만두를 드세요. 안 매워요.

エマ　この店、とても美味しいですね。

ミンス　トッポッキはどうですか。

エマ　美味しいです。しかし、少し辛いです。

ミンス　では餃子を召し上がってください。辛くないですよ。

会話練習：下の表現を、会話2の①、②に入れ替えて、話しましょう。

例）① 떡볶이　② 만두

1）① 매운탕　② 계란찜

2）① 부대찌개　② 잡채

文法の説明

–이랑 / 랑（～と）

名詞の最後の文字にパッチムがあると「–이랑」、ないと「–랑」をつけます。

例）가족이랑（家族と）　친구랑（友達と）

이 / 그 / 저（こ・そ・あ　指示詞）

話し手側に近いものは「이（こ）」、相手側に近いものは「그（そ）」、どちらからも遠いものは「저（あ）」になります。

例）이것（これ）　그것（それ）　저것（あれ）

（会話では縮約形の「이거、그거、저거」をよく使います。）

안（否定）

用言の否定を表します。用言の前に「안」をつけます。ただし、「名詞＋하다動詞」の場合は、「안」が名詞と「하다」の間に入ります。

例）먹다 → 안 먹다 → 안 먹어요.（食べません）

가다 → 안 가다 → 안 가요.（行きません）

운동하다 → 운동 안 하다 → 운동 안 해요.（運動しません）

03. 単語　🎧40

❋ **会話**

- □ 어서 오세요
 いらっしゃいませ
- □ 뭐 드릴까요?
 何になさいますか
- □ 드리다　差し上げる
- □ 김밥　キンパ
- □ 1인분　1人前
- □ 떡볶이　トッポッキ
- □ 주세요　下さい
- □ 잠깐만　しばらく、少々
- □ 기다리다　待つ
- □ 이 집　この家
 (ここでは「この店」の意味)
- □ 참　とても、非常に
- □ 맛있다　美味しい
- □ 맛이 어때요?　味がどうですか
- □ 하지만　しかし
- □ 좀　少し、少々
- □ 매워요　辛いです
- □ 그럼　では
- □ 만두　餃子
- □ 드세요　召し上がって下さい

❋ **文法・練習問題**

- □ 매운탕　メウンタン
- □ 계란찜　ケランチム
- □ 부대찌개　プデチゲ
- □ 잡채　チャプチェ
- □ 책을 읽다　本を読む
- □ 공원　公園
- □ 강아지 집　犬小屋
- □ 신문　新聞
- □ 우리집　我が家
- □ 것　〜こと、もの
- □ 불고기　プルコギ
- □ 비빔밥　ビビンパ
- □ 물을 넣다　水を入れる
- □ 짜다　(味が) しょっぱい
- □ 순두부찌개　純豆腐チゲ
- □ 삼계탕　サムゲタン
- □ 떡　お餅
- □ 냉면　冷麺
- □ 김치　キムチ
- □ 라면　ラーメン

04. 発音

- ✿ 1인분이랑 [이린부니랑]
- ✿ 맛있네요 [마신네요]
- ✿ 맛있어요 [마시써요]
- ✿ 떡볶이 [떡뽀끼]
- ✿ 맛이 [마시]

05. (応用会話)　ペアと一緒に文を完成して、話しましょう。

가 점 원　　어서 오세요. 뭐 드릴까요?

나 ______　　______________________ 주세요.

가 점 원　　네, 잠깐만 기다리세요.

◇ ◇ ◇

나 ______　　이 집 ______________________

가 ______　　______________ 은 / 는 맛이 어떠세요?

나 ______　　맛있어요. 하지만 좀 ______________

가 ______　　그럼 __________. ______________

06. 語彙を増やしましょう。　韓国料理

삼계탕

떡볶이

떡

김밥

냉면

김치

비빔밥

라면

07. (聞き取り)　音声を聞いて (　　) の中に書きましょう。 41

점원　어서 오세요. 뭐 드릴까요?
요타로　떡볶이 (　　　　　　　　) 불고기 2인분 주세요.
점원　네, 잠깐만 기다리세요.

요타로　이 집 아주 (　　　　　　　　).
승현　떡볶이 맛이 어때요?
요타로　맛있어요. 하지만 좀 매워요.
승현　그럼 (　　　　　　　　). 안 매워요.

08. 練習問題

1 (　　)に 1)〜4) を入れて会話を完成し、話しましょう。

例) 가　뭐 드릴까요?
　　나　(　　　　　　　　) 주세요.

1) 불고기랑 비빔밥　　2) 떡볶이랑 매운탕
3) 주스랑 사이다　　4) 부대찌개 1인분

2 会話になるように、左の文と右の文を線で結びましょう。

1) 손님, 뭐 드릴까요?　① ・　　・ **A** 그럼 물을 넣으세요.
2) 찌개가 좀 짜네요.　② ・　　・ **B** 불고기 2인분 주세요.
3) 이 사진 드릴까요?　③ ・　　・ **C** 와! 고마워요.

3 韓国語で話しましょう。

1) キンパを3人前ください。　→ ＿＿＿＿＿＿＿＿＿＿
2) このコーヒーは美味しいですね。　→ ＿＿＿＿＿＿＿＿＿＿
3) 純豆腐チゲの味はどうですか。　→ ＿＿＿＿＿＿＿＿＿＿

コラム　おにぎりと三角キンパ　오니기리와 삼각김밥

エマ　ミンスさん、シクサヘッソヨ？
ミンス　アハハ、エマさん、韓国式のあいさつを覚えましたね。
まだ食べていないので一緒に食べましょうか？
エマ　いいですね。
ミンス　私はサムガクキンパを食べたいです。
エマ　キンパは丸いですよね？三角のものもあるんですか？
ミンス　サムガクキンパは、おにぎりのことです。
エマ　へぇ～知らなかった。
あっ、あそこでタイ焼きを売っている。ミンスさんおごってください。
ミンス　いいですよ。でも、韓国ではプンオパン(フナ焼き)と言います。
エマ　日本と韓国は似ているけれど少し違うことが多くておもしろいです。

에마　민수 씨, 식사했어요?
민수　아하하, 에마 씨, 한국식 인사 기억하고 있었네요.
아직 안 먹었으니까 같이 먹을까요?
에마　좋아요.
민수　저는 삼각김밥을 먹고 싶어요.
에마　김밥은 둥글지요? 삼각도 있나요?
민수　삼각김밥은 일본 오니기리예요.
에마　아, 몰랐어요.
근데, 저기에서 다이야키(タイ焼き)를 팔고 있네요. 민수 씨, 사 주세요.
민수　좋아요. 하지만 그건 한국어로 붕어빵이라고 해요.
에마　일본과 한국은 비슷하지만 다른 점도 많아서 재미있네요.

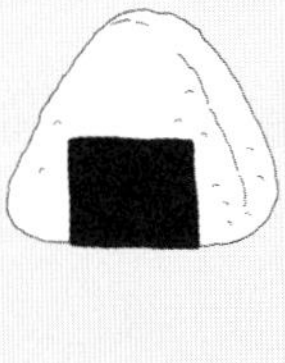

6課 | 한국에 가고 싶어요.

会話の目標
- −고 싶다
- −는＋名詞
  (動詞の現在連体形)
- −지요?
- −부터 −까지

01. 会話1 42

민수　에마 씨, 여름방학에 뭐 ①하고 싶어요?

에마　②한국에 가고 싶어요.

　　　그리고, 좋아하는 가수의 콘서트를 보고 싶어요.

민수　저도 가고 싶네요.

에마　그럼 같이 갈까요?

ミンス　エマさん、夏休みに何をしたいですか。
エマ　韓国に行きたいです。
　　　そして、好きな歌手のコンサートを見たいです。
ミンス　私も行きたいですね。
エマ　では、一緒に行きましょうか。

会話練習

1 下の表現を、会話1の①、②に入れ替えて、話しましょう。

例)　① 하다　　　② 한국에 가다
1)　① 먹다　　　② 삼계탕을 먹다
2)　① 보다　　　② 영화를 보다

2 韓国でやりたいことを書いて話しましょう。

例) 맛있는 양념치킨을 먹고 싶어요.
1) ＿＿＿＿＿＿＿＿＿＿＿＿＿＿＿＿
2) ＿＿＿＿＿＿＿＿＿＿＿＿＿＿＿＿

文法の説明

−고 싶다 (〜したい)

希望、願望を表します。動詞の語幹のパッチムに関係なくつけます。

例)　한국 음식을 먹고 싶어요. (韓国料理を食べたいです)
　　　영화를 보고 싶어요. (映画を見たいです)

02. 会話2 43

에마　참, 월요일부터 ①기말 시험이지요?
민수　네, ②금요일까지 시험이에요.
에마　그런데, 모르는 것이 좀 있어요.
민수　그래요? 그럼 제가 도와줄까요?

エマ　ところで、月曜日から期末試験ですよね。
ミンス　はい、金曜日まで試験です。
エマ　そういえば、分からないことが少しあります。
ミンス　そうですか。では、私が手伝ってあげましょうか。

会話練習：下の表現を、会話2の①、②に入れ替えて、話しましょう。

例）① 기말 시험이다　　② 금요일
1）① 중간 고사다　　② 목요일
2）① 복습 테스트다　　② 화요일

文法の説明

–는＋名詞（動詞の現在連体形）

動詞の現在進行や一般的な事柄を表します。語幹にパッチム関係なく「–는」をつけます。ㄹパッチムは「ㄹ」が脱落し「–는」をつけます。

例）공부하는 사람（勉強する人）　매일 듣는 음악（毎日聞く音楽）
같이 노는 친구（一緒に遊ぶ友達）

–지요?（～でしょう）

聞き手の同意や確認を求めます。用言語幹のパッチムに関係なく「–지요?」をつけます。縮約形は「–죠」を使います。

例）그 책 재미있지요?（その本面白いでしょう）
이 정도면 되지요?（これくらいでいいですよね）

–부터 –까지（～から ～まで　時間）

時間の出発点は「–부터」、到着点は「–까지」になります。

例）오늘부터 내일까지（今日から明日まで）
오전부터 오후까지（午前から午後まで）

03. 単語 🎧44

※ 会話	□ 재미있다　面白い
□ 여름방학 夏休み	□ 정도　程度
□ 좋아하다　好きだ	□ 이 정도면 되다
□ 참　ところで、そういえば	このくらいであればいい
□ 기말 시험　期末試験	□ 오전　午前
□ 그런데　ところで、そういえば	□ 오후　午後
□ 모르다	□ 요즘　このごろ、最近
分からない、知らない	□ 드라마　ドラマ
□ 모르는 것　分からないこと	□ 없다　ない
□ 그래요?　そうですか	□ 자주　しばしば
□ 도와주다　手伝ってあげる	□ 뭐다　何だ
	□ 누구　だれ
※ 文法・練習問題	□ 뭘　何を
□ 양념치킨　ヤンニョムチキン	□ 쉬다　休む
□ 중간고사　中間試験	□ 인도　インド
□ 복습테스트　復習テスト	□ 스페인　スペイン
□ 매일　毎日	□ 필리핀　フィリピン
□ 듣다　聞く	□ 태국　タイ(泰国)
□ 놀다　遊ぶ	□ 호주　オーストラリア(豪州)

04. 発音

- 한국에 [한구게]
- 좋아하는 [조아하는]
- 월요일 [워료일]
- 금요일 [그묘일]
- 것이 [거시]
- 싶어요 [시퍼요]
- 가수의 [가수에]
- 시험이지요 [시허미지요]
- 시험이에요 [시허미에요]
- 있어요 [이써요]

05.（応用会話）　ペアと一緒に文を完成して、話しましょう。

가 ________　　________, 어디에 가고 싶어요?

나 ________　　________________________ 에 가고 싶어요.

가 ________　　____________________ 에서 뭐 하고 싶어요?

나 ________　　______________________________ 싶어요.

가 ________　　__________ 부터 ____________ 이지요 / 지요?

나 ________　　네, _______ 까지 _____________이에요 / 예요.

06. 語彙を増やしましょう。　　世界の国名

			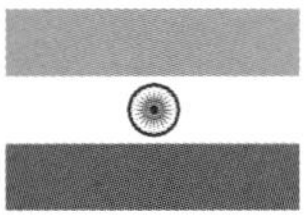	
중국	미국	영국	인도	일본

한국	스페인	필리핀	태국	호주

07. (聞き取り)　音声を聞いて (　　) の中に書きましょう。 45

다이키　여름방학에 뭐 하고 싶어요?
은빈　(　　　　　　　　) 싶어요.
그리고 좋아하는 가수 (　　　　　　　　　　).
다이키　저도 가고 싶네요.
은빈　참, 월요일부터 (　　　　　　　　) ?

08. 練習問題

1 例のように、(　) の表現を使って現在連体形 (-는) の文を完成し、話しましょう。

例) この頃、読んでいる本があります (요즘 읽다 / 책이 있다)
→ 요즘 읽는 책이 있어요.

1) 面白いドラマがありません (재미있다 / 드라마가 없다)
→ ____________________
2) よく見る映画は何ですか (자주　보다 / 영화는 뭐다?)
→ ____________________
3) 好きな人は誰ですか (좋아하다 / 사람은 누구이다?)
→ ____________________

2 会話になるように、左の文と右の文を線で結びましょう。

1) 뭘 먹고 싶어요?　①・　・**A** 미국에 가고 싶어요.
2) 어디에 가고 싶어요?　②・　・**B** 김밥을 먹고 싶어요.
3) 뭘 하고 싶어요?　③・　・**C** 좀 쉬고 싶어요.

3 韓国語で話しましょう。

1) 今日から明日まで休みます。　→ ____________________
2) 美味しい韓国料理を食べたいですか。
→ ____________________
3) この本は面白いでしょう。　→ ____________________

コラム　部活動がしたい　동아리 활동을 하고 싶다

ミンス　エマさんは何か得意なスポーツがありますか?

エマ　水泳が得意です。中学と高校では水泳部でした。

ミンス　すごいですね。韓国の人は泳げる人が少ないです。

エマ　えっどうしてですか?

ミンス　韓国の学校にはプールがほとんどありません。それに中学や高校の部活動もあまり活発ではありません。

エマ　びっくり。学校が終わったら何をしていたの?

ミンス　塾で勉強をしてばかりしていました。エマさんのように、友達と部活動をしたかったです。

エマ　それじゃ私が入っているサークルに入らない?

ミンス　それは良い考えですね。

민수　에마 씨는 잘하는 스포츠 있어요?

에마　수영을 할 수 있어요. 중학교하고 고등학교 때 수영부였거든요.

민수　와, 굉장해요. 한국 사람은 수영할 수 있는 사람이 적어요.

에마　왜요?

민수　한국 학교에는 수영장이 거의 없거든요. 중학생이나 고등학생 때는 동아리 활동도 활발하지 않고요.

에마　그래요? 그럼 학교 끝나고 뭐했어요?

민수　학원에 가서 공부했어요. 에마 씨처럼 친구들하고 동아리 활동을 하고 싶었어요.

에마　그럼 우리 동아리에 들어오지 않을래요?

민수　그것 참 좋은 생각이네요.

7課　사슴을 보러 가요.

会話の目標
- –은+ㄴ名詞（動詞の過去連体形）
- –으러 / 러 가요
- –에서 –까지
- –으로 / 로
- –지만

01. 会話 1　46

에마　민수 씨, ①나라에 간 적 있어요?
민수　한 번 간 적이 있지만, 다음에 같이 갈까요?
에마　네, ②눈이 예쁜 사슴을 보러 가요.
민수　좋은 생각이에요.
　　　향토음식도 먹고 싶네요.

エマ　ミンスさん、奈良に行ったことがありますか。
ミンス　一度行ったことがありますが、
　　　次は一緒に行きましょうか。
エマ　はい、きれいな目をしている鹿を見に行きましょう。
ミンス　いい考えですね。郷土料理も食べたいです。

会話練習：下の表現を、会話1の①、②に入れ替えて、話しましょう。

例）① 나라　　② 눈이 예쁜 사슴을 보러 가다
1）① 교토　　② 멋진 단풍을 보러 가다
2）① 홋카이도　　② 하코다테의 야경을 보러 가다

文法の説明

–은 / ㄴ+名詞（動詞の過去連体形）

過去の出来事や動作の完了を表します。動詞の語幹にパッチムがあると「–은」、ないと「–ㄴ」、ㄹパッチムは「ㄹ」が脱落し「–ㄴ」をつけます。

例）어제 먹은 음식은 잡채예요.（昨日食べた料理はチャプチェです）
　　지난주에 서점에서 산 책이에요.（先週本屋で買った本です）

–으러 / 러 가요（～しに行きましょう）

動作の目的を表します。動詞の語幹にパッチムがあると「–으러」、ないときやㄹパッチムは「ㄹ」が脱落し「–러」をつけます。

例）밥을 먹으러 가요.（ご飯を食べに行きましょう）
　　스키를 타러 가요.（スキーをしに行きましょう）

02. 会話2　47

민수　①도교에서 나라까지 시간이 얼마나 걸려요?

에마　②버스로 2(두) 시간 40(사십) 분 걸려요.

민수　제가 예약할까요?

에마　네, 그럼 잘 부탁해요.

ミンス　東京から奈良までどのぐらい時間がかかりますか。
エマ　バスで2時間40分かかります。
ミンス　私が予約しましょうか。
エマ　はい、ではよろしくお願いします。

会話練習：下の表現を、会話2の①、②に入れ替えて、話しましょう。

例）① 도쿄 → 나라　② 버스로 2(두) 시간 40 (사십) 분
1）① 오사카 → 교토　② 특급으로 40 분
2）① 도쿄 → 하코다테　② 신칸센으로 4 시간

文法の説明

–에서 –까지（〜から　〜まで　場所）

例）집에서 학교까지 얼마나 걸려요?（家から学校までどのぐらいかかりますか）

–으로 / 로（〜で、〜へ　手段・方法、方向）

手段・方法のほかに、方向を表します。名詞の最後の文字にパッチムがあると「–으로」、ないと「–로」、ㄹパッチムは「–로」をつけます。

例）手段：신칸센으로（新幹線で）　버스로（バスで）
전철로（電車で）
方向：이쪽으로 오세요.（こちらへ来てください）

–지만（〜が、〜けれども）

逆接を表します。用言の語幹にパッチム関係なく「–지만」をつけます。名詞は、最後の字にパッチムがあると「–이지만」、ないと「–지만」をつけます。

例）한국어는 어렵지만 재미있어요.（韓国語は難しいが面白いです）
비가 오지만 학교에 가요.（雨が降るけれども学校に行きます）
일요일이지만 회사에 가요.（日曜日だけど会社へ行きます）

03. 単語 🎧48

❋ **会話**
- [] 한 번　一度、一回
- [] 간 적이 있다
　　　行ったことがある
- [] 다음에　次に、今度
- [] 눈이 예쁘다　目がきれいだ
- [] 사슴　鹿
- [] 좋은 생각이다　いい考えだ
- [] 향토음식　郷土料理（飲食）
- [] 얼마나　どのぐらい
- [] 걸리다　かかる
- [] 예약하다　予約する
- [] 부탁하다　頼む

❋ **文法・練習問題**
- [] 멋지다　素敵だ
- [] 단풍　もみじ
- [] 보러 가다　見に行く

- [] 야경　夜景
- [] 서점　書店、本屋
- [] 스키를 타다　スキーをする
- [] 신칸센　新幹線
- [] 전철　電車（電鉄）
- [] 이쪽　こちら
- [] 어렵다　難しい
- [] 비가 오다　雨が降る
- [] 회사　会社
- [] 내년　来年
- [] 비행기　飛行機
- [] 디즈니랜드　ディズニーランド
- [] 걸어서　歩いて
- [] 옷　服
- [] 유명하다　有名だ
- [] 작년　去年
- [] 서울　ソウル

04. 発音

- ❀ 있어요 [이써요]
- ❀ 있지만 [읻찌만]
- ❀ 같이 [가치]
- ❀ 사슴을 [사스믈]
- ❀ 생각이에요 [생가기에요]
- ❀ 40분 [사십뿐]
- ❀ 부탁해요 [부타캐요]

- ❀ 간 적이 [간 저기]
- ❀ 다음에 [다으메]
- ❀ 눈이 [누니]
- ❀ 좋은 [조은]
- ❀ 시간이 [시가니]
- ❀ 예약할까요 [예야칼까요]

05. (応用会話)　ペアと一緒に文を完成して、話しましょう。

가 ________　　__________ 씨 ______________에 간 적 있어요?

나 ________　　____________________________________?

가 ________　　네, ______________________ 을 / 를 보러 가요.

나 ________　　좋은 생각이에요. __________________ 싶어요.

가 ________　　______ 에서 _____ 까지 시간이 얼마나 걸려요?

나 ________　　____________________________________걸려요.

가 ________　　제가 예약할까요?

나 ________　　네, 그럼 잘 부탁해요.

06. 語彙を増やしましょう。　十二支

07. (聞き取り)　音声を聞いて (　　) の中に書きましょう。 49

모모코	정현 씨, (　　　　　　　　　　　　　　　　　　　)?
정현	작년에 간 적이 있어요. 하지만, 내년에 같이 갈까요?
모모코	네, 야경을 보러 가요.
정현	좋은 생각이에요. 맛있는 요리도 먹고 싶어요.
모모코	(　　　　　　　　　　　　　　　　　　　) 시간이 얼마나 걸려요?
정현	비행기로 (　　　　　　　　　　　) 걸려요.

08. 練習問題

1 「～에서 ～까지 (○時間) 걸려요」を話しましょう。

例) 집 ⇨ 도쿄역 (신칸센으로 1시간)
→ 집에서 도쿄역까지 신칸센으로 한 시간 걸려요.

1) 집 ⇨ 디즈니랜드 (걸어서 10분)
→ ______________________________

2) 도쿄역 ⇨ 학교 (버스로 1시간)
→ ______________________________

3) 일본 ⇨ 한국 (비행기로 2시간)
→ ______________________________

2 会話になるように、左の文と右の文を線で結びましょう。

1) 한국에 간 적이 있어요?	①・	・**A** 네, 어렵지만 재미있어요.
2) 내일 단풍을 보러 가요.	②・	・**B** 좋아요. 같이 가요.
3) 한국어는 재미있어요?	③・	・**C** 네, 작년에 서울에 갔어요.

3 韓国語で話しましょう。

1) 昨日食べた料理はビビンパです。 → ______________________________

2) これは韓国で買った服です。 → ______________________________

3) 昨日作ったキンパは美味しかったです。
→ ______________________________

コラム　オノマトペ　오노마토페(의성어·의태어)

エマ　今年はウサギ年ですね。
ミンス　ウサギは好きです。カンチュンカンチュン跳ねる姿が可愛いじゃないですか。
エマ　えっウサギはピョンピョン跳ねるのよ。
ミンス　本当ですか？じゃぁ犬の鳴き声は？
エマ　ワンワン。
ミンス　それはモンモンです。
エマ　猫は、ニャーニャー。
ミンス　ヤオン。
エマ　アハハ、たくさん話したらおなかがすいちゃった。おなかがグウグウ鳴っています。
ミンス　それは、コルルッコルルッ。
エマ　楽し〜い。食事をしながら続けましょう。

에마　올해는 토끼해네요.
민수　토끼는 좋아해요. 깡충깡충 뛰는 모습이 귀엽잖아요.
에마　네? 토끼는 퐁퐁 뛰는데요?
민수　정말? 그럼 개가 짖는 소리는?
에마　왕왕.
민수　그건 멍멍이에요.
에마　고양이는 냐냐.
민수　야옹.
에마　아하하, 말을 많이 했더니 배가 고파요. 배에서 구구 소리가 나요.
민수　그건 꼬르륵 꼬르륵.
에마　재밌어요. 그럼 식사하면서 계속해요.

8課 | 도서관에서 숙제하고 있어요.

会話の目標
- –고 있다
- –아서 / 어서
- ㅂ(비읍)不規則
- –고

01. 会話 1 (二人はLINEをしている)　🎧50

민수　지금 뭐 하고 있어요?

에마　①<u>도서관에서 숙제하고 있어요</u>.

민수　그래요? 그럼 이따가 볼까요?

에마　네, 좋아요. 그럼 세 시에
　　　②<u>학교 앞</u>에서 만나요.

ミンス　今何していますか。
エマ　図書館で宿題しています。
ミンス　そうですか。では、後で会いましょうか。
エマ　ええ、いいですよ。では3時に学校の前で会いましょう。

会話練習

1 下の表現を、会話1の①、②に入れ替えて、話しましょう。

例） ① 도서관에서 숙제하다　　② 학교 앞
1） ① 가게에서 아르바이트하다　　② 가게 앞
2） ① 집에서 영화를 보다　　② 역 앞

2 例のように、「–고 있어요」の表現を使って文を完成し、話しましょう。

例） 도서관 / 숙제를 하다　→ <u>도서관에서 숙제를 하고 있어요.</u>
1） 운동장 / 야구를 하다　→ ____________________
2） 집 / 드라마를 보다　→ ____________________

文法の説明

「–고 있다」(～している　現在進行)

動作の現在進行を表します。動詞の語幹にパッチム関係なく「–고 있다」をつけます。

例） 먹고 있어요. (食べています)
　　보고 있어요. (見ています)

02. 会話2 🎧51

민수　①숙제는 어땠어요?
에마　②단어가 많고 문법이 어려워서
　　　시간이 많이 걸렸어요.
민수　힘들었지요? 커피 마시러 갈까요?
에마　네, 좋아요.

ミンス　宿題はどうでしたか。
エマ　単語が多く文法が難しくて時間がずいぶんかかりました。
ミンス　大変だったでしょう。コーヒーを飲みに行きましょうか。
エマ　はい、いいですね。

✿ 会話練習

1 下の表現を、会話2の①、②に入れ替えて、話しましょう。

例）① 숙제　　② 단어가 많고 문법이 어렵다
1）① 아르바이트　　② 손님이 많다
2）① 영화　　② 내용이 길다

2 例のように、「-아서 / 어서」を使って文を完成し、話しましょう。

例）숙제가 있다 / 도서관에서 공부하다
　→ 숙제가 있어서 도서관에서 공부해요.
1）내일 친구를 만나다 / 놀러 가다 → ________________
2）방이 덥다 / 창문을 열다 → ________________

✿ 文法の説明

✿「-아서 / 어서」（〜て、〜くて　理由・原因）

理由や原因を表します。語幹が陽母音の場合は「-아서」、陰母音の場合は「-어서」をつけます。

例）비싸서 안 사요.（高いので買いません）
　　추워서 코트를 입었어요.（寒くてコートを着ました）

＊「-아서 / 어서」には、理由・原因以外にも、順序を表す意味があります。ただし、前の動作と後の動作には密接な関係性があります。

例） 친구를 만나다 / 영화를 보다 → 친구를 만나서 영화를 봐요.
（友達に会って映画を見ます）

백화점에 가다 / 선물을 사다 → 백화점에 가서 선물을 사요.
（デパートに行ってプレゼントを買います）

✿ ㅂ(비읍)不規則

ㅂパッチム語幹の用言の一部が不規則に活用します。語幹の次に「-으」や「-아 / 어」で始まる語尾がくると、以下の①、②のように変わります。

①「-으」がくる時は「으」は脱落し、パッチム「ㅂ」が「우」に変わります。

例） 춥다（寒い） ：춥 ＋ 으면 → 추우면

②「-아 / 어」がくる時は、パッチム「ㅂ」が「우」に変わり、さらに「아 / 어」と合体して「워」になります。ただし、돕다（助ける）、곱다（きれいだ）は「와」になります。

例） 춥다（寒い） ：춥 ＋ 어요 → 추워요（寒いです）
돕다（手伝う） ：돕 ＋ 아요 → 도와요（手伝います）

＊ ㅂパッチムでも、規則的に活用する用言もあるので注意しましょう。
입다（着る）、잡다（つかむ）、접다（折る）、좁다（狭い）、뽑다（抜く）、씹다（噛む）、굽다（曲がる）など。

例） 입다（着る） ：입 ＋ 어요 → 입어요（着ます）

✿「-고」（〜し、〜て）

並列の意味を表します。語幹に「-고」を付けます。

例） 겨울에는 눈이 많이 오고 추워요.（冬は雪がたくさん降るし寒いです）
이 가게는 싸고 맛있어요.（この店は安くておいしいです）

＊ 名詞の場合は「-이고」を付けます。

例） 여기는 식당이고 저기는 도서관이에요.（ここは食堂であそこは図書館です）

03. 単語 🎧52

❉ **会話**	□ 운동장　運動場
□ 지금　今	□ 야구를 하다　野球をする
□ 도서관　図書館	□ 드라마를 보다　ドラマを見る
□ 이따가　後で	□ 카페　カフェ
□ 학교 앞　学校の前	□ 책을 읽다　本を読む
□ 숙제　宿題	□ 손님　お客様
□ 어땠어요?　どうでしたか	□ 내용이 길다　内容が長い
□ 단어　単語	□ 방이 덥다　部屋が暑い
□ 많다　多い	□ 백화점　デパート
□ 문법　文法	□ 겨울 冬
□ 어렵다　難しい	□ 출발하다　出発する
□ 시간이 걸리다 時間がかかる	□ 창문을 열다　窓を開ける
□ 힘들다　大変だ	□ 청소를 하다　掃除をする
	□ 늦잠을 자다　寝坊をする
	□ 동영상　動画
❉ **文法・練習問題**	□ 하얀 바지　白いズボン
	□ 도시락　お弁当
□ 가게 앞　店の前	□ 여기　ここ
□ 아르바이트　アルバイト	□ 저기　あそこ
□ 영화　映画	

04. 発音

✿ 도서관에서 [도서과네서]
✿ 학교 앞에서 [학꾜아페서]
✿ 문법 [문뻡]
✿ 숙제 [숙쩨]
✿ 많고 [만코]

05. (応用会話)　ペアと一緒に文を完成して、話しましょう。

가 ________　지금 뭐 하고 있어요?

나 ________　______________________________

가 ________　그래요? 그럼 이따가 볼까요?

나 ________　네, 좋아요. 그럼 세 시에 ________ 에서 만나요.

⟡ ⟡ ⟡

가 ________　________ 은 / 는 어땠어요?

나 ________　________________ 시간이 많이 걸렸어요.

가 ________　힘들었지요? 커피 마시러 갈까요?

나 ________　네, 좋아요.

06. 語彙を増やしましょう。　着用の表現

안경을 끼다 / 쓰다	眼鏡をかける
반지를 끼다	指輪をはめる
샌들을 신다	サンダルを履く
목걸이를 하다	ネックレスをつける
배낭을 메다	リュックを背負う
모자를 쓰다	帽子をかぶる
바지를 입다	ズボンをはく

07. (聞き取り)　音声を聞いて（　　）の中に書きましょう。　🎧53

현주　　지금 뭐 하고 있어요?

유이토　도서관에서 (　　　　　　　　　　　　　　　　　).

현주　　그래요? 그럼 이따가 볼까요?

유이토　네, 좋아요. 그럼 세 시에 (　　　　　　　)에서 만나요.

◇◇◇

현주　　한국어 공부는 (　　　　　　)?

유이토　(　　　　　　　　　　) 시간이 많이 걸렸어요.

08. 練習問題

1　例のように、何をしているのか書いて話しましょう。

例) 숙제를 하다　　→ 숙제를 하고 있어요.

1) 집에서 청소를 하다　　　　　　→ _____

2) 카페에서 아르바이트를 하다　→ _____

3) 도서관에서 책을 읽다　　　　　→ _____

2　会話になるように、左の文と右の文を線で結びましょう。

1) 뭐 하고 있어요?　　　　　　　①・　　・**A** 늦잠을 자서 지금 출발해요.

2) 무슨 옷을 입고 있어요?　　　②・　　・**B** 동영상을 보고 있어요.

3) 왜 안 와요?　　　　　　　　　③・　　・**C** 하얀 바지를 입고 있어요.

3　韓国語で話しましょう。

1) 教室でお弁当を食べています。　→ _____

2) 暑くてアイスコーヒーを飲みました。

　→ _____

3) この店は安くておいしいです。　→ _____

会話の目標
- –으면 / 면
- –을 / ㄹ+名詞 (用言の未来連体形)
- –을 / ㄹ 거예요
- ㄷ(디귿)不規則

9課 음악을 들을 거예요.

01. 会話 1（二人はLINEをしている） 54

민수 이번 주는 숙제가 많아서 힘들어요.
에마 수업 때 ①조금씩 하면 좋아요.
민수 에마 씨는 어떻게 공부해요?
에마 저는 ②단어를 외울 때 소리를 내서 읽어요.

ミンス 今週は宿題が多くて大変です。
エマ 授業の時に少しずつするといいですよ。
ミンス エマさんはどうやって勉強しますか。
エマ 私は単語を覚える時に声を出して読みます。

会話練習

1 下の表現を、会話1の①、②に入れ替えて、話しましょう。

例） ① 조금씩 하다 ② 단어를 외울 때 소리를 내서 읽다
1） ① 중심 표현을 읽다 ② 시간이 날 때 연습 문제를 풀다
2） ① 문법을 외우다 ② 새 문법은 많이 연습하다
3） ① 중심 단어를 쓰다 ② 주말에 노트를 정리하다

2 例のように、「～을 / ㄹ 때」の表現を使って文を完成し、話しましょう。

例） 단어를 외우다 / 여러 번 소리를 내서 읽다
→ 단어를 외울 때 여러 번 소리를 내서 읽어요.
1） 단어를 모르다 / 사전을 찾다 → ____________________
2） 배가 고프다 / 컵라면을 먹다 → ____________________
3） 엄마가 보고 싶다 / 전화를 하다 → ____________________

02. 会話2　55

민수　이번 주말에 뭐 할 거예요?
에마　①집에서 음악을 들을 거예요.
민수　저는 ②친구하고 등산을 갈 거예요.

ミンス　今週末に何するつもりですか。
エマ　家で音楽を聴くつもりです。
ミンス　私は友達と山登りをするつもりです。

会話練習

1 下の表現を、会話2の①、②に入れ替えて、話しましょう。

例）① 집에서 음악을 듣다　② 친구하고 등산을 가다
1）① 친구하고 맛있는 걸 먹다　② 밀린 빨래를 하다
2）① 집에서 푹 쉬다　② 아웃렛에 쇼핑하러 가다
3）① 콘서트에 가다　② 캠핑가다

2 会話2を参考に、「이번 주말에 뭐 할 거예요?」の質問に答えましょう。

例）에마　집에서 음악을 들을 거예요.
1）______ ：______________________________
2）______ ：______________________________
3）______ ：______________________________

文法の説明

–으면 / 면 (～すれば、～すると)

条件や仮定を表します。用言の語幹にパッチムがあると「–으면」、ないときやㄹパッチムは「–면」をつけます。

例）한국에 오면 연락 주세요. (韓国に来たら連絡ください)
지금 만들면 내일 먹을 수 있어요. (今作れば明日食べられます)

✿ -을 / ㄹ+名詞 (未来連体形)

未来のほかに、予定・意志・推測を表します。用言の語幹にパッチムがあると「-을」、ないと「-ㄹ」、ㄹパッチムは「ㄹ」が脱落し「ㄹ」をつけます。「때 (時)、필요 (必要)、가능성 (可能性)、계획 (計画)、예정 (予定)」などの表現は、必ず未来連体形をつけます。

例) 가다 → 갈 필요 (行く必要)　　쉬다 → 쉴 때 (休む時)

오다 → 올 가능성 (来る可能性)　　만들다 → 만들 계획 (作る計画)

＊「～した時」は「-았을 때 / 었을 때」になります。

例) 쉬었을 때 (休んだ時)　　봤을 때 (見た時)　　들었을 때 (聞いた時)

✿ -을 / ㄹ 거예요 (～するつもりです)

話し手の意志や推測を表します。用言の語幹にパッチムがあると「-을 거예요」、ないと「-ㄹ 거예요」、ㄹパッチムは「ㄹ」が脱落し「-ㄹ 거예요」をつけます。

例) 샌드위치를 먹을 거예요. (サンドイッチを食べるつもりです)

애니메이션을 볼 거예요. (アニメーションを見るつもりです)

친구하고 실컷 놀 거예요. (友達と思う存分遊ぶつもりです)

＊ 名詞には「-일 거예요」をつけます。

例) 아마 스무 살일 거예요. (たぶん二十歳だと思います)

✿ ㄷ(디귿)不規則

ㄷパッチム語幹の動詞の一部は不規則に活用します。語幹の次に「-으」や「-아 / 어」で始まる語尾がくると、パッチム「ㄷ」が「ㄹ」に変わります。

例) 듣다 (聞く)　:들으면 (聞けば) → 들어요 (聞きます)

걷다 (歩く)　:걸으면 (歩けば) → 걸어요 (歩きます)

＊ 不規則活用するのは以下の単語があります。

듣다 (聞く)、걷다 (歩く)、싣다 (載せる)、묻다 (尋ねる)、알아듣다 (聞き取る)、깨닫다 (悟る) など。

＊ パッチムが「ㄷ」でも規則的に活用する動詞もあるので、注意しましょう。

받다 (受け取る)、닫다 (閉める)、믿다 (信じる)、얻다 (得る)

例) 받다 (受け取る)： 받으면 (受け取れば) → 받아요 (受け取ります)

03. 単語　🎧56

❀ **会話**

- [] 이번 주　今週
- [] 조금씩　少しずつ
- [] 좋다　良い
- [] 어떻게　どうやって
- [] 외우다　覚える
- [] 여러 번　数回
- [] 소리를 내다　音(声)を出す
- [] 주말　週末
- [] 음악을 듣다　音楽を聞く
- [] 등산을 가다　山登りする

❀ **文法・練習問題**

- [] 중심 표현　中心表現
- [] 시간이 나다　時間があく
- [] 외우다　覚える
- [] 문제를 풀다　問題を解く
- [] 노트　ノート
- [] 밀린 빨래　たまった洗濯物

- [] 정리하다　整理する
- [] 사전을 찾다　辞書を引く
- [] 배가 고프다　お腹がすく
- [] 컵라면　カップラーメン
- [] 푹 쉬다　ゆっくり休む
- [] 맛있는 걸　おいしい物を
- [] 아웃렛　アウトレット
- [] 빵을 굽다　パンを焼く
- [] 옷을 사다　服を買う
- [] 화장품　化粧品
- [] 우울하다　憂鬱だ
- [] 부침개　チヂミ
- [] 첫눈이 오다　初雪が降る
- [] 전화하다　電話する
- [] 캠핑가다　キャンプに行く
- [] 연락　連絡
- [] 유튜브　ユーチューブ
- [] 제일　第一、最も

04. 発音

- ❀ 이번 주 [이번쭈]
- ❀ 많아서 [마나서]
- ❀ 읽어요 [일거요]
- ❀ 숙제 [숙쩨]
- ❀ 어떻게 [어떠케]
- ❀ 할 거예요 [할꺼예요]

05. （応用会話）　ペアと一緒に文を完成して、話しましょう。

가 ________　　이번 주는 숙제가 많아서 힘들어요.

나 ________　　수업 때 ______________________ 좋아요.

가 ________　　________ 씨는 어떻게 공부해요?

나 ________　　저는 ______________________

가 ________　　이번 주말에 뭐 할 거예요?

나 ________　　______________________

가 ________　　저는 ______________________

06. 語彙を増やしましょう。　　趣味

독서	読書	뜨개질	編み物
등산	登山	영화감상	映画鑑賞
골프	ゴルフ	요리	料理
테니스	テニス	바둑	囲碁
수영	水泳	낚시	釣り

07. (聞き取り)　音声を聞いて（　　）の中に書きましょう。 57

가나타　이번 주는 숙제가 많아서 힘들어요.
이서　수업 때 (　　　　　　　　) 좋아요.
가나타　이서 씨는 어떻게 공부해요?
이서　저는 (　　　　　　　　) 여러 번 소리를 내서 읽어요.
가나타　이번 주말에 뭐 할 거예요?
이서　집에서 (　　　　　　　　).
가나타　저는 친구하고 (　　　　　　　　).

08. 練習問題

1 例のように、週末の予定について話しましょう。

例） A　주말에 뭐 할 거예요?
B　집에서 음악을 듣다 → 집에서 음악을 들을 거예요.

1）친구를 만나서 영화를 보다　→ ________________
2）집에서 빵을 굽다　→ ________________
3）하라주쿠에서 옷을 사다　→ ________________

2 会話になるように、左の文と右の文を線で結びましょう。

1）비가 오면 맛있는　① ・　・ **A** 화장품을 살 거예요.
2）우울하면 제일　② ・　・ **B** 부침개를 먹고 싶어요.
3）한국에 가면　③ ・　・ **C** 좋아하는 가수의 음악을 들어요.

3 韓国語で話しましょう。

1）初雪が降る時に会いたいです。　→ ________________
2）雨が降ると家でユーチューブを見ます。
→ ________________
3）今日は家で宿題をするつもりです。→ ________________

会話の目標
- ❀ –을 / ㄹ 수 있어요
- ❀ –을 / ㄹ 수 없어요
- ❀ –으면 / 면 돼요
- ❀ –으면 / 면 안 돼요
- ❀ –은 / ㄴ+名詞 (形容詞の現在連体形)
- ❀ ㅅ(시옷)不規則

10課 | 운전할 수 있어요?

01. 会話 1 🎧58

민수 운전할 수 있어요?

에마 네. 작년에 면허증을 땄어요.

근데 아직 ①고속도로에서는 운전할 수 없어요.

민수 연습을 자주 하면 돼요. 그리고, ②과속하면 안 돼요.

에마 네, 알겠어요.

주말에 같이 드라이브해요.

ミンス 運転できますか。
エマ はい。去年免許を取りました。
ところが、まだ高速道路では運転できません。
ミンス 練習をよくすればいいです。
そしてスピードを出しすぎてはいけません。
エマ はい、分かりました。
週末に一緒にドライブしましょう。

❀ 会話練習

1 下の表現を、会話1の①、②に入れ替えて、話しましょう。

例） ① 고속도로 ② 과속하다
1） ① 복잡한 시내 ② 신호를 위반하다
2） ① 눈길 ② 일반 타이어로 운전하다
3） ① 한국 ② 왼쪽 차선으로 가다

2 許可や禁止の表現をペアで話しましょう。

例） 운전을 하다 → 운전을 하면 돼요. / 운전을 하면 안 돼요.
1） 설탕을 넣어서 마시다 → ________________
2） 여기서 사진을 찍다 → ________________
3） 신발을 신다 → ________________

02. 会話2 59

민수　요코하마는 ①바다를 볼 수 있어서 좋네요.
에마　맞아요. 그리고 ②예쁜 가게도 많이 있어요.
민수　저 건물은 벽돌로 지었네요.
에마　네. 다음에는
　　　하코네까지 드라이브해요.

ミンス　横浜は海を見ることができていいですね。
エマ　そうですね。そして可愛いお店もたくさんあります。
ミンス　あの建物は煉瓦造りですね。
エマ　はい。今度は箱根までドライブしましょう。

会話練習

1 下の表現を、会話2の①、②に入れ替えて、話しましょう。

例) ① 바다를 보다　② 예쁘다
1) ① 외국 분위기를 느끼다　② 맛있다
2) ① 바다 근처를 산책하다　② 유명하다

2 例のように、(　)の表現を使って文を完成し、話しましょう。

例) 저 건물은 벽돌로 짓다 (–았 / 었네요)
　→ 저 건물은 벽돌로 지었네요.
1) 잘 젓다 (–아서 / 어서 마시면 돼요)　→ ____________
2) 밑줄을 긋다 (–으면 / 면 안 돼요)　→ ____________
3) 감기가 낫다 (–으면 / 면 놀 수 있어요)　→ ____________

文法の説明

–을 / ㄹ 수 있어요・없어요 (～することができます・できません)

用言の語幹にパッチムがあると「–을 수 있어요・없어요」、ないと「-ㄹ 수 있어요・없어요」、ㄹパッチムは「ㄹ」が脱落して「–ㄹ 수 있어요・없어요」をつけます。

例) 혼자 외국에 갈 수 있어요. / 없어요. (一人で外国に行けます / 行けません)
　빵을 만들 수 있어요. / 없어요. (パンを作れます / 作れません)

✿ –으면 / 면 돼요・안 돼요 (〜すればいいです・〜してはいけません)

許可や禁止を表します。用言の語幹にパッチムがあると「–으면 돼요 / 안 돼요」、ないときやㄹパッチムは「–면 돼요 / 안 돼요」をつけます。

例） 혼자서 운전하다 (一人で運転する)　혼자서 운전하면 돼요. / 안 돼요.
거기에 들어가다 (そこに立ち入る)　거기에 들어가면 돼요. / 안 돼요.
여기서 놀다 (ここで遊ぶ)　여기서 놀면 돼요. / 안 돼요.

✿ –은 / ㄴ ＋ 名詞 (形容詞の現在連体形)

事物の状態や性質を表します。形容詞の語幹にパッチムがあれば「–은」、ないと「ㄴ」をつけます。ㄹパッチムはㄹが脱落して「ㄴ」をつけます。

例） 좋다 (良い)　:좋 ＋ 은 → 좋은 집 (良い家)
크다 (大きい)　:크 ＋ ㄴ → 큰 집 (大きい家)
길다 (長い) (ㄹ脱落)　:길 ＋ ㄴ → 긴 머리 (長い髪)

＊「–있다 / 없다」の付く形容詞は語幹に「는」をつけます。

例） 맛있다 (美味しい)　： 맛있는 떡볶이 (美味しいトッポッキ)
재미없다 (つまらない)　： 재미없는 영화 (つまらない映画)

✿ ㅅ(시옷)不規則

ㅅパッチム語幹の動詞の一部が不規則に活用します。語幹の次に「–으」や「–아 / 어」で始まる語尾がくると、パッチム「ㅅ」が脱落します。

例） 낫다 (治る)　： 나으면 (治れば) → 나아요 (治ります)

＊ ㅅ(시옷)不規則活用するのは以下の用言があります。
낫다 (治る)、짓다 (建てる)、잇다 (つなげる)、젓다 (かき混ぜる) など。

＊ ㅅパッチムでも、以下の動詞は規則活用するので注意しましょう。
웃다 (笑う)、씻다 (洗う)、벗다 (脱ぐ)、빼앗다 (奪う) など。

例） 웃다 (笑う)　： 웃으면 (笑えば) → 웃어요 (笑います)

03. 単語 🎧60

❉ **会話**

- □ 운전하다　運転する
- □ 작년　去年
- □ 면허증을 따다　免許を取る
- □ 근데　ところで
- □ 아직　まだ
- □ 고속도로　高速道路
- □ 연습　練習
- □ 자주　頻繁に
- □ 과속하다
　　スピードを出しすぎる
- □ 알겠어요　分かりました
- □ 예쁘다　かわいい
- □ 드라이브　ドライブ
- □ 바다　海
- □ 맞아요　そうですね
- □ 건물　建物
- □ 벽돌　煉瓦

❉ **文法・練習問題**

- □ 눈길　雪道

- □ 일반 타이어　ノーマルタイヤ
- □ 왼쪽 차선　左車線
- □ 설탕을 넣다　砂糖を入れる
- □ 사진을 찍다　写真を撮る
- □ 신발을 신다　履物を履く
- □ 외국 분위기　外国の雰囲気
- □ 느끼다　感じる
- □ 근처　近く、近所
- □ 산책하다　散歩する
- □ 유명하다　有名だ
- □ 밑줄을 긋다　下線を引く
- □ 감기가 낫다　風邪が治る
- □ 매운 음식　辛い食べ物
- □ 약을 먹다　薬を飲む
- □ 좁다　狭い
- □ 복잡한 시내　混んでいる市内
- □ 신호　信号
- □ 위반하다　違反する
- □ 잘 젓다　よくかき混ぜる
- □ 혼자서　一人で

04. 発音

- ❀ 작년에 [장녀네]
- ❀ 고속도로 [고속또로]
- ❀ 눈길 [눈낄]
- ❀ 운전할 수 있어요 [운저날쑤이써요]
- ❀ 같이 [가치]
- ❀ 복잡한 [복짜판]
- ❀ 신다 [신따]

05. (応用会話)　ペアと一緒に文を完成して、話しましょう。

가 ________　운전할 수 있어요?

나 ________　네. 작년에 면허증을 땄어요.

　　　　　　근데 아직 __________ 에서는 운전할 수 없어요.

가 ________　연습을 자주 하면 돼요.

　　　　　　그리고 ____________________________안 돼요.

나 ________　네, 알겠어요. 주말에 같이 드라이브해요.

가 ________　요코하마는 _______________ 수 있어서 좋네요.

나 ________　맞아요. 그리고 __________ 가게도 많이 있어요.

가 ________　저 건물은 벽돌로 지었네요.

나 ________　네. 다음에는 하코네까지 드라이브해요.

06. 語彙を増やしましょう。　運転関連

깜박이를 켜다	ウィンカーを出す
비상등을 켜다	ハザードランプを点滅させる
브레이크를 밟다	ブレーキを踏む
타이어가 펑크나다	タイヤがパンクする

07. (聞き取り)　音声を聞いて（　　）の中に書きましょう。 61

수빈　운전할 수 있어요?
미유　네. 작년에 면허증을 땄어요.
　　　근데 아직 (　　　　　　)에서는 운전할 수 없어요.
수빈　한국에서는 (　　　　　　　　　　　) 안 돼요.
미유　네, 알겠어요. 주말에 같이 드라이브해요.

수빈　요코하마는 (　　　　　　　　　　　　　　　　) 좋네요.
미유　맞아요. 그리고 (　　　　　　　　　　)도 많이 있어요.

08. 練習問題

1 可能、不可能の表現を使ってペアで話しましょう。

例) 운전하다 ： 운전할 수 있어요? → 네, 운전할 수 있어요.
　　　　　　　　　　　　　　　　　　아뇨, 운전할 수 없어요.

1) 매운 음식을 먹다　→ 네 / 아뇨
2) 카레라이스를 만들다　→ 네 / 아뇨
3) 여기와 저기를 잇다　→ 네 / 아뇨

2 会話になるように、左の文と右の文を線で結びましょう。

1) 혼자서 운전을 하면　① ・　・ **A** 할 수 없어요.
2) 외국에서는 운전을　② ・　・ **B** 안 돼요.
3) 이 약을 먹으면　③ ・　・ **C** 감기가 나아요.

3 韓国語で話しましょう。

1) 20年前に家を建てました。　→ ______________________
2) 大きいカバンを買ってはだめです。　→ ______________________
3) 狭い道路で運転できます。　→ ______________________

11課 | 몸이 아파서 못 갔어요.

会話の目標
- 으不規則
- 못
- –지 마세요
- –아 / 어 주세요
- –으려고 / 려고

01. 会話 1（二人はLINEをしている） 62

민수　에마 씨, 오늘 학교에 왜 안 왔어요?
에마　가려고 했어요. 그런데 ①몸이 아파서 못 갔어요.
민수　열은 있어요?
에마　네, 열도 있고 ②기침도 나요.
민수　무리하지 마세요. 집에서 푹 쉬세요.

ミンス　エマさん、今日学校に来なかったですね。
エマ　行こうとしました。
　　　しかし、体の調子が良くないので行けませんでした。
ミンス　熱はありますか。
エマ　はい、熱もあるし、咳も出ます。
ミンス　無理しないでください。家でゆっくり休んでください。

会話練習

1 下の表現を、会話1の①、②に入れ替えて、話しましょう。

例）① 몸　　② 기침도 나다
1）① 머리　　② 속이 안 좋다
2）① 목　　② 배가 아프다

2 例のように、「못」表現で答えましょう。

例）이 공원에 들어갈 수 있어요?
　→ 아뇨, 이 공원에 못 들어가요.
1）라면을 10인분 먹을 수 있어요?
　→ 아뇨, ______________________
2）오늘 같이 영화 보러 갈까요?
　→ 미안해요. ______________________
3）스페인어를 할 수 있어요?
　→ 아뇨, ______________________

02. 会話2 🎧63

민수　몸은 좀 괜찮아요? 얼굴색이 안 좋아요.
에마　아직 ①병원에 못 갔어요. ②같이 병원에 가 주세요.
민수　물론이죠.
에마　고마워요.
　　　빨리 나아서 학교에 가고 싶어요.

ミンス　お身体の調子はいかがですか。顔色が良くないですね。
エマ　まだ病院にも行けませんでした。一緒に行ってください。
ミンス　もちろんです。
エマ　ありがとうございます。早く良くなって学校に行きたいです。

会話練習

1 下の表現を、会話2の①、②に入れ替えて、話しましょう。

例）① 병원에 못 갔다　　② 같이 병원에 가 주세요
1）① 약을 못 먹었다　　② 약을 사 주세요
2）① 아무것도 못 먹었다　　② 과일을 사 주세요

2 例のように、「–아 / 어 주세요」表現を使って、話しましょう。

例）친구한테 카톡을 보내다　→ 친구한테 카톡을 보내 주세요.
1）맛있는 비빔밥을 만들다　→ ＿＿＿＿＿＿＿＿＿＿
2）한국에서 친구를 만나다　→ ＿＿＿＿＿＿＿＿＿＿

文法の説明

으不規則

으語幹の用言の一部は不規則に活用します。語幹の次に「–아 / 어」で始まる語尾がくると、「ー」が脱落します。その際、「ー」直前の字の母音が陽母音だと「–아」、陰母音だと「–어」がつきます。ただし、「쓰다」のように、語幹が一文字の場合は「–어」をつけます。

例）일이 바빠서 만날 시간이 없어요. (仕事が忙しいので会う時間がありません)
　　저보다 남동생이 더 키가 커요. (私より弟がもっと背が高いです)

✿ 못（～できない　不可能）

動詞の前に「못」をつけて不可能の意味を表します。ただし、「名詞＋하다」動詞の場合は、「못」が名詞と「하다」の間に入ります。

例）　비가 와서 학교에 못 가요.（雨が降るから学校に行けません）

　　　전화 못 해요.（電話できません）

✿ –지 마세요（～しないでください　丁寧な禁止）

丁寧な禁止を表します。基本形は「–지　말다」。用言語幹のパッチムに関係なく「–지 마세요」をつけられます。

例）　수업중에 과자를 먹지 마세요.（授業中にお菓子を食べないでください）

　　　영화관에서 말하지 마세요.（映画館でしゃべらないでください）

✿ –아 / 어 주세요（～してください　丁寧な依頼）

丁寧に頼む時に使います。語幹の母音が陽母音は「–아」、陰母音は「–어」がつきます。

例）　빨리 와 주세요.（早く来てください）

　　　책을 읽어 주세요.（本を読んでください）

✿ –으려고 / 려고（～しようと、～するために）

意図を表します。語幹にパッチムがあると「–으려고」、ないときやㄹパッチムは「–려고」をつけます。

例）　선물을 사려고 백화점에 갔어요.

　　　（プレゼントを買うためにデパートに行きました）

　　　김밥을 만들려고 김을 샀어요.（キンパを作るために海苔を買いました）

03. 単語1 🎧64

❋ **会話**

☐ 몸이 아프다　体調が悪い
☐ 열이 있다　熱がある
☐ 기침이 나다　咳が出る
☐ 무리하다　無理する
☐ 푹 쉬다　ゆっくり休む
☐ 괜찮다　大丈夫だ
☐ 얼굴색　顔色
☐ 아직　まだ
☐ 병원　病院
☐ 물론이죠　もちろんです
☐ 고마워요　ありがとう
☐ 빨리 낫다　早く治る

❋ **文法・練習問題**

☐ 머리　頭
☐ 속이 안 좋다
　　お腹の調子が悪い
☐ 목　喉
☐ 배가 아프다　お腹が痛い

☐ 들어가다　入る
☐ 스페인어　スペイン語
☐ 약을 먹다　薬を飲む
☐ 사 주세요　買ってください
☐ 아무것도　何も、どれも
☐ 과일　果物
☐ 카톡　カトック
☐ 일이 바쁘다　仕事が忙しい
☐ 키가 크다　背が高い
☐ 전화하다　電話する
☐ 수업중　授業中
☐ 영화관　映画館
☐ 말하다　話す
☐ 백화점　百貨店
☐ 늦게 돌아가다　遅く帰る
☐ 너무 크다　大きすぎる
☐ 사진을 찍다　写真を撮る
☐ 안 돼요　だめです
☐ 예약하다　傘を借りる

04. 発音

✿ 안 왔어요 [아놔써요]
✿ 열은 [여른]
✿ 집에서 [지베서]
✿ 얼굴색이 [얼굴쌔기]
✿ 병원에 [병워네]
✿ 싶어요 [시퍼요]

✿ 몸이 [모미]
✿ 있어요 [이써요]
✿ 몸은 [모믄]
✿ 좋아요 [조아요]
✿ 물론이죠 [물로니죠]

✿ 못 갔어요 [몯까써요]
✿ 있고 [읻꼬]
✿ 괜찮아요 [괜차나요]
✿ 같이 [가치]
✿ 학교 [학꾜]

05. (応用会話)　ペアと一緒に文を完成して、話しましょう。

가 ________　　__________ 씨, 오늘 학교에 왜 안 왔어요?

나 ________　　가려고 했어요. 그런데 __________ 못 갔어요.

가 ________　　______________________________

나 ________　　네, ______________________________

가 ________　　무리하지 마세요. 집에서 푹 쉬세요.

가 ________　　몸은 좀 괜찮아요? 얼굴색이 안 좋아요.

나 ________　　네, ____________________. 같이 가 주세요.

가 ________　　물론이죠.

나 ________　　고마워요. 빨리 나아서 ______________ 싶어요.

06. 語彙を増やしましょう。　症状などの表現

감기에 걸리다	風邪をひく	한기가 나다	寒気がする
몸이 나른하다	体がだるい	속이 안 좋다	腹の調子が悪い
배가 아프다	お腹が痛い	식욕이 없다	食欲がない
몸조리 잘 하세요. 빠른 회복을 빌겠습니다.		お大事にしてください。 一日も早いご回復をお祈りします。	

07.（聞き取り）　音声を聞いて（　　）の中に書きましょう。 65

루이　수아 씨, 오늘 학교에 왜 안 왔어요?
수아　가려고 했어요. 그런데 (　　　　　　　　　　) 못 갔어요.
루이　열은 있어요?
수아　네, 열도 있고 기침도 나요.
루이　(　　　　　　　　　　). 집에서 푹 쉬세요.

◇◇◇

루이　몸은 좀 괜찮아요? 얼굴색이 (　　　　　　　　　　).
수아　병원에 (　　　　　　　　　　). 같이 가 주세요.

08. 練習問題

1 例のように、(　)の表現を使って文を完成し、話しましょう。

例) 忙しいので帰りが遅いです (바쁘다 / 집에 늦게 돌아가다)
　→ 바빠서 집에 늦게 돌아가요

1) お腹が空いたのでご飯を食べました（배가 고프다 / 밥을 먹었다）
　→ ______________________________

2) 昨日買った服が大きすぎます（어제 산 옷 / 너무 크다）
　→ ______________________________

2 会話になるように、左の文と右の文を線で結びましょう。

1) 사진을 찍어도 돼요?　①・　　・A 안 돼요. 찍지 마세요.
2) 몇 시까지 갈까요?　②・　　・B 너무 무리하지 마세요.
3) 머리가 아프고 열도 있어요　③・　　・C 10시까지 와 주세요.

3 韓国語で話しましょう。

1) カバンを買うために店に行きました。　→ ______________
2) パーティをするためにカフェを予約しました。→ ______________
3) お腹が痛いのでご飯を食べられません。(못)　→ ______________

12課 | 양이 많으니까 같이 먹어요.

会話の目標
- -으니까 / 니까
- -으면서 / 면서
- ㅎ(히읗)不規則
- -을 / ㄹ게요

01. 会話 1 　66

민수　늦어서 미안해요. 음식 주문했어요?
에마　아직이요. 이 집은 ①<u>양이 많으니까</u> 같이 먹어요.
민수　그래요. ②<u>메뉴 사진을 보면서</u> 시킬 수 있어서 좋네요.
에마　그럼, 지금 주문할게요.
　　　여기요!

ミンス　遅れてすみません。料理は注文しましたか。
エマ　まだです。この店は量が多いから一緒に食べましょう。
ミンス　そうしましょう。メニューの写真を見ながら
　　　注文できるのでいいですね。
エマ　では、今注文しますね。すみません。

会話練習

1 下の表現を、会話1の①、②に入れ替えて、話しましょう。

例）① 양이 많다　　② 메뉴 사진을 보다
1）① 시간이 걸리다　　② 여러 음식을 먹다
2）① 감자탕이 유명하다　　② 막걸리를 마시다
3）① 닭갈비가 맛있다　　② 한국 노래를 듣다

2 例のように、「-으면서 / 면서」表現を使って文を完成し、話しましょう。

例）사진을 보다 / 시킬 수 있다
　→ 사진을 <u>보면서</u> 시킬 수 있어요.
1）동영상을 보다 / 밥을 먹다
　→ ______________________
2）음악을 듣다 / 숙제를 하다
　→ ______________________
3）단어를 쓰다 / 외우다
　→ ______________________

02. 会話2 67

민수　이 집 맛있네요. 어? 에마 씨, ①코가 빨개요.
에마　네? 아, ②고추장이 묻었네요. 화장실에 갔다 올게요.
민수　네. 기다리고 있을게요.

ミンス　このお店(の料理)はおいしいですね。あら、エマさん、鼻が赤いです。
エマ　はい？あっ、コチュジャンがつきましたね。お手洗いに行ってきますね。
ミンス　はい。待っていますね。

会話練習

1 下の表現を、会話2の①、②に入れ替えて、話しましょう。

例）① 코가 빨갛다　② 고추장이 묻었다
1）① 손이 파랗다　② 멍이 들었다
2）① 얼굴이 하얗다　② 화장이 떴다

2 「−으니까 / 니까」と「−으면서 / 면서」表現を使って文を完成し、話しましょう。

例）비가 오다 / 부침개를 먹다 / 영화를 보다
→ 비가 오니까 부침개를 먹으면서 영화를 봐요.
1）메뉴가 있다 / 사진을 보다 / 시키다
→ ________________
2）덥다 / 아이스커피를 마시다 / 기다리다
→ ________________
3）어렵다 / 사전을 찾다 / 공부하다
→ ________________

文法の説明

−으니까 / 니까（〜だから、〜したら）

状況の前置きや理由を表します。用言の語幹にパッチムがあると「−으니까」、ないと「−니까」、ㄹパッチムは「ㄹ」が脱落し「−니까」をつけます。後文に勧誘(−아 / 어요)、命令(−으세요 / 세요)の表現が来ます。

例）양이 많으니까 같이 먹어요.（量が多いから一緒に食べましょう）

오늘은 바쁘니까 내일 연락 주세요.（今日は忙しいから明日連絡下さい）
밖에 나가니까 추웠어요.（外に出たら寒かったです）

✿「-으면서 / -면서 」（〜しながら）
二つの動作の同時進行を表します。用言の語幹にパッチムがあると「-으면서」、ないときやㄹパッチムは「-면서」をつけます。
例） 메뉴를 보면서 시킬 수 있어요.（メニューを見ながら注文できます）
밥을 먹으면서 동영상을 봐요.（ご飯を食べながら動画を見ます）
재미있게 놀면서 돈도 벌어요.（楽しく遊びながらお金も稼ぎます）

✿ ㅎ(히읗)不規則
ㅎパッチム語幹の形容詞の一部は不規則に活用します。語幹の次に「-으」や「-아 / 어」で始まる語尾がくると、パッチム「ㅎ」は脱落します。「-아 / 어」がくる場合は、語幹の母音と合体して「ㅐ」になります。ただし、「하얗다」は「ㅒ」になります。語幹の次の「으」も脱落します。

例） 어떻다（どうだ） ：어떻（ㅎ脱落）＋ 어요 → 어때요?（どうですか）
어떻（ㅎ脱落）＋ 은（으脱落） → 어떤（どんな）
하얗다（白い） ：하얗（ㅎ脱落）＋ 아요 → 하얘요（白いです）

＊ ㅎ(히읗)不規則活用するのは以下の用言があります。
까맣다（黒い）、노랗다（黄色い）、파랗다（青い）、빨갛다（赤い）、동그랗다（丸い）など。

＊ ㅎパッチムでも、以下のものは規則活用するので注意しましょう。
놓다（置く）、넣다（入れる）、낳다（産む）、좋다（良い）など。
例） 넣다（入れる） ：넣으면（入れれば） → 넣어요（入れます）

✿ -을게요 / ㄹ게요（〜しますね）
話者の意志を表します。語幹にパッチムがあると「을게요」、ないと「ㄹ게요」をつけます。ㄹパッチムはㄹが脱落して「ㄹ게요」をつけます。
例） 여기에서 기다릴게요.（ここで待ちますね）
기쁜 마음으로 받을게요.（うれしい気持ちで受け取りますね）
소풍 도시락은 제가 만들게요.（遠足のお弁当は私が作りますね）

03. 単語 🎧68

❋ **会話**
- [] 늦다　遅い、遅れる
- [] 미안하다　すまない
- [] 주문하다　注文する
- [] 아직이요　まだです
- [] 양이 많다　量が多い
- [] 메뉴 사진　メニューの写真
- [] 시키다　注文する、させる
- [] 그럼　では、じゃ
- [] 여기요!　すみません
- [] 코　鼻
- [] 묻다　つく
- [] 화장실　トイレ
- [] 갔다 오다　行ってくる
- [] 기다리다　待つ

❋ **文法・練習問題**
- [] 시간이 걸리다
 時間がかかる
- [] 막걸리　マッコリ

- [] 닭갈비　タッカルビ
- [] 감자탕　カムジャタン
- [] 노래　歌
- [] 단어를 쓰다　単語を書く
- [] 동영상　動画
- [] 외우다　覚える
- [] 손　手
- [] 멍이 들다　あざができる
- [] 얼굴　顔
- [] 화장이 뜨다　化粧が浮く
- [] 전화로 시키다
 電話で注文する
- [] 춤을 잘추다　踊りが上手だ
- [] 땀이 나다　汗が出る
- [] 스트레스가 풀리다
 ストレスが取れる
- [] 비를 싫어하다　雨が嫌いだ
- [] 바쁘다　忙しい
- [] 마시다　飲む

04. 発音

❀ 늦어서 [느저서]
❀ 주문했어요 [주무내써요]
❀ 닭갈비 [닥깔비]
❀ 파랗다 [파라타]

❀ 미안해요 [미아네요]
❀ 많으니까 [마느니까]
❀ 맛있네요 [마신네요]

05.（応用会話）　ペアと一緒に文を完成して、話しましょう。

가 ________　늦어서 미안해요. 음식 주문했어요?
나 ________　아직이요. 이 집은 ____________ 같이 먹어요.
가 ________　그래요. ____________ 시킬 수 있어서 좋네요.
나 ________　그럼 지금 주문할게요. 여기요!
가 ________　이 집 맛있네요. 어? ________ 씨, ____________
나 ________　네? 아, ____________. 화장실에 갔다 올게요.
가 ________　네. 기다리고 있을게요.

06. 語彙を増やしましょう。　食堂の小物

앞접시	取り皿	병따개	栓抜き
물수건	おしぼり	컵	コップ
가위	ハサミ	집게	トング
앞치마	エプロン	냅킨	紙ナプキン

07. (聞き取り)　音声を聞いて (　　) の中に書きましょう。 69

서준	늦어서 미안해요. 음식 주문했어요?
하나	아직이요. 이 집은 (　　　　　　　　　　　　) 같이 먹어요.
서준	그래요. (　　　　　　　　　　　　) 시킬 수 있어서 좋네요.
하나	그럼 지금 주문할게요. 여기요!
서준	이 집 맛있네요. 어? 하나 씨, (　　　　　　　　) .
하나	네? 아, (　　　　　　　　　　　). 화장실에 갔다 올게요 .

08. 練習問題

1 例のように、「-으니까 / 니까」表現を使って文を完成し、話しましょう。

例)　A　비를 왜 싫어해요?
　　 B　비가 오면 (춥다 → 추우니까) 싫어요.

1) A : 아이돌을 왜 좋아해요?
　 B : 노래도 잘 부르고 춤도 잘 (추다 →　　　　　　) 좋아해요.
2) A : 매운 음식을 왜 좋아해요?
　 B : 스트레스가 (풀리다 →　　　　　　) 자주 먹어요.
3) A : 운동을 왜 싫어해요?
　 B : 힘들고 땀이 (나다 →　　　　　　) 싫어요.

2 会話になるように、左の文と右の文を線で結びましょう。

1) 양이 많으니까	① ・	・ **A** 사전을 찾아요.
2) 음악을 들으면서	② ・	・ **B** 책을 읽어요.
3) 단어가 어려우니까	③ ・	・ **C** 같이 먹어요

3 韓国語で話しましょう。

1) メニューを見ながら注文します。　→ ____________________
2) 今日は忙しいから来週来てください。　→ ____________________
3) 辛いから水をたくさん飲みます。　→ ____________________

13課 천천히 골라 보세요.

会話の目標
- –으세요 / 세요（尊敬）
- –으셨어요 / 셨어요
- 르不規則

01. 会話 1 　70

점원　손님, 뭐 찾으세요?
에마　①<u>생일</u> 선물을 사려고 해요.
점원　②<u>장갑은</u> 어떠세요? 요즘 인기가 많아요.
에마　그래요? 그럼, 저거 좀 보여 주세요.
점원　네. 천천히 골라 보세요.

店員　お客様、何をお探しですか。
エマ　誕生日プレゼントを買おうと思います。
店員　手袋はいかがですか。最近人気があります。
エマ　そうですか。では、あれをちょっと見せてください。
店員　はい。ゆっくり選んでください。

会話練習

1 下の表現を、会話1の①、②に入れ替えて、話しましょう。

例）	① 생일	② 장갑
1）	① 입학	② 태블릿
2）	① 집들이	② 청소기
3）	① 취직	② 넥타이

2 例のように、「-아 / 어 보세요」表現を使って文を完成し、話しましょう。

例）천천히 고르다
　→ 천천히 <u>골라 보세요</u>.

1）이 옷으로 갈아입다
　→ ________________________________

2）장갑을 끼다
　→ ________________________________

3）섞어서 마시다
　→ ________________________________

02. 会話2 71

에마 생일 축하해요. ①<u>선물은 많이 받으셨어요</u>?

민수 네. 에마 씨, 고마워요. ②<u>이 장갑 정말 따뜻하네요</u>.

에마 저도 기뻐요. 다른 친구도 부를까요?

민수 부르지 마세요. 오늘은 에마 씨하고 있고 싶어요.

エマ 誕生日おめでとうございます。プレゼントはたくさんもらいましたか。
ミンス はい。エマさん、ありがとう。この手袋は本当に暖かいですね。
エマ 私も嬉しいです。他の友達も呼びましょうか。
ミンス 呼ばないで下さい。今日はエマさんといたいです。

会話練習

1 下の表現を、会話2の①、②に入れ替えて、話しましょう。

例） ① 선물은 많이 받다 ② 이 장갑 정말 따뜻하네요
1） ① 미역국은 드시다 ② 미역국 정말 맛있었어요
2） ① 사진은 많이 찍다 ② 너무 감동했어요

2 例のように、質問と答えの練習をしましょう。

例） A： 뭐 드셨어요? B： 떡볶이를 먹었어요
1） A： 어디 가세요? B： 오디션을 보러 가다
2） A： 그 영화 보셨어요? B： 아직 안 보다
3） A： 몇 분 예약하셨어요? B： 4명 예약하다

文法の説明

–으세요 / 세요 (尊敬：お～になります、～なさってください)

語幹にパッチムがあると「–으세요」、ないと「–세요」、ㄹパッチムは「ㄹ」が脱落し「–세요」をつけます。名詞の場合は、パッチムがあると「–이세요」、ないと「–세요」をつけます。

例） 받다 (受け取る) ：받＋으세요 → 받으세요
보다 (見る) ：보＋세요 → 보세요
만들다 (作る) ：만들 (ㄹ脱落) ＋세요 → 만드세요

한국 분（韓国の方）　：한국 분＋이세요　　→ 한국 분이세요
누구（誰）　　　　　：누구＋세요　　　　→ 누구세요?

＊ よく使われる特殊な尊敬表現があります。

例）있다（いる）　　　　　　　　→ 계세요（いらっしゃいます）
　　자다（寝る）　　　　　　　　→ 주무세요（お休みになります）
　　먹다（食べる）/ 마시다（飲む）→ 드세요・잡수세요（召し上がります）

＊「이름이 뭐예요?（名前は何ですか）」の尊敬表現は、「성함이 어떻게 되세요?（お名前は何とおっしゃいますか）」になります。

✿ -으셨어요 / 셨어요（尊敬：～なさいました、お～になりました）

語幹にパッチムがあると「-으셨어요」、ないと「-셨어요」、ㄹパッチムは「ㄹ」が脱落し「-셨어요」をつけます。名詞の場合は、パッチムがあると「-이셨어요」、ないと「-셨어요」をつけます。

例）그 영화 보셨어요?（その映画をご覧になりましたか）

＊ よく使われる特殊な尊敬表現の過去形は以下のようです。

例）있다（いる）　　　　　　　　→ 계셨어요（いらっしゃいました）
　　자다（寝る）　　　　　　　　→ 주무셨어요（お休みになりました）
　　먹다（食べる）/ 마시다（飲む）→ 드셨어요・잡수셨어요（召し上がりました）

✿ 르不規則

「르」語幹の用言の一部が不規則に活用します。語幹の次に「-아 / 어」で始まる語尾がくると、語幹「르」と「아」は「ㄹ라」、「르」と「어」は「ㄹ러」になります。なお、「ㄹ라」や「ㄹ러」前の「ㄹ」は「르」前の文字のパッチムにつけます。「아 / 어」は「르」直前の母音（陽母音か陰母音か）によって決まります。

例）빠르다（速い）：빠르＋아요 → 빠＋ㄹ라＋요 → 빨＋라요 → 빨라요
　　부르다（呼ぶ）：부르＋어요 → 부＋ㄹ러＋요 → 불＋러요 → 불러요

＊ 르不規則活用するのは以下の用言があります。
누르다（押す）、바르다（塗る）、이르다（告げ口する）など。

＊ 以下は「으不規則」活用するので注意しましょう。
들르다（寄る）、따르다（従う）　など。　☞「으不規則」参照（p. 95）

03. 単語　72

❈ 会話	❈ 文法・練習問題
□ 찾다　探す、見つける	□ 입학　入学
□ 선물　プレゼント	□ 태블릿　タブレット
□ 장갑　手袋	□ 집들이　引越祝い
□ 요즘　最近	□ 청소기　掃除機
□ 인기가 많다　人気がある	□ 취직　就職
□ 보여 주세요　見せてください	□ 갈아입다　着替える
□ 천천히　ゆっくり	□ 장갑을 끼다　手袋をはめる
□ 고르다　選ぶ	□ 섞어서 마시다　混ぜて飲む
□ 받다　受け取る、もらう	□ 미역국　わかめスープ
□ 고마워요　ありがとう	□ 감동하다　感動する
□ 정말　本当に	□ 예약하다　予約する
□ 따뜻하다　暖かい	□ 노래방　カラオケ
□ 기쁘다　嬉しい	□ 점심　お昼、昼食
□ 다른　他の	□ 아직　まだ
□ 부르다　呼ぶ、歌う	□ 일어나다　起きる
	□ 자다　寝る
	□ 드시다　召し上がる
	□ 지금　今
	□ 계시다　いらっしゃる

04. 発音

✿ 인기 [인끼]
✿ 섞어서 [서꺼서]
✿ 따뜻하네요 [따뜨타네요]
✿ 천천히 [천처니]
✿ 축하해요 [추카해요]

05. (応用会話)　ペアと一緒に文を完成して、話しましょう。

가 ________　　손님, 뭐 찾으세요?

나 ________　　__________ 선물을 사려고 해요.

가 ________　　________ 은 / 는 어떠세요? 요즘 인기가 많아요.

나 ________　　그래요? 그럼 저거 좀 보여 주세요.

가 ________　　네. 천천히 골라 보세요.

◇ ◇ ◇

나 ________　　생일 축하해요. ______________________________

가 ________　　네. ____________________________ 씨, 고마워요.

06. 語彙を増やしましょう。　　プレゼント

목도리	マフラー	꽃다발	花束
모자	帽子	상품권	商品券
장갑	手袋	넥타이	ネクタイ
스카프	スカーフ	손수건	ハンカチ

07.（聞き取り）　音声を聞いて（　　）の中に書きましょう。 73

점원	손님, 뭐 찾으세요?
노도카	(　　　　　　　　)을 사려고 해요.
점원	(　　　　　　　　　　　　　　)? 요즘 인기가 많아요.
노도카	그래요? 그럼, 저거 좀 보여 주세요.
점원	네. 천천히 골라 보세요.
	✧ ✧ ✧
노도카	생일 축하해요. (　　　　　　　　　　　　　　)?
하준	네. 노도카 씨, 고마워요. 이 (　　　　　　　　　　　　).

08. 練習問題

1 例のように、何時に何をするか質問し、答えましょう。

例) 일어나다 / 5시　→ A：몇 시에 일어나세요? B：다섯 시에 일어나요.

1）아침을 먹다 / 7시　→ A：＿＿＿＿＿＿＿＿　B：＿＿＿＿＿＿＿＿

2）학교에 가다 / 9시　→ A：＿＿＿＿＿＿＿＿　B：＿＿＿＿＿＿＿＿

3）자다 / 11시　→ A：＿＿＿＿＿＿＿＿　B：＿＿＿＿＿＿＿＿

2 会話になるように、左の文と右の文を線で結びましょう。

1）노래를 부르려고　①・　・A 시간이 없어서 못 봤어요.

2）커피를 드세요?　②・　・B 노래방에 갔어요.

3）그 영화 보셨어요?　③・　・C 네, 매일 한 잔 마셔요.

3 韓国語で話しましょう。

1）お昼は何を召し上がりましたか。　→ ＿＿＿＿＿＿＿＿＿＿?

2）今どこにいらっしゃいますか。　→ ＿＿＿＿＿＿＿＿＿＿?

3）韓国の方でいらっしゃいますか。　→ ＿＿＿＿＿＿＿＿＿＿?

14課 ｜ 축의금을 내거나 선물을 해도 돼요.

会話の目標
- –아도 / 어도 돼요
- –아야 / 어야 돼요
- –거나

01. 会話 1　74

에마　한국인 ①선배 결혼식에 초대를 받았어요.
　　　뭘 하면 되죠?
민수　축의금을 내거나 ②선물을 해도 돼요.
에마　한복을 입어야 돼요?
민수　하하, 한복은 안 입어요.
　　　그냥 깔끔한 복장이면 괜찮아요.

エマ　韓国人の先輩の結婚式に招待されました。何をすればいいでしょうか。
ミンス　ご祝儀を出したり、プレゼントをしたりしてもいいですよ。
エマ　韓服を着なければなりませんか。
ミンス　はは、韓服は着ないです。身だしなみが整っていれば大丈夫です。
(直訳：清潔な服装なら大丈夫です。)

会話練習

1 下の表現を、会話1の①、②に入れ替えて、話しましょう。

例）① 선배 결혼식　② 선물을 하다
1）① 돌잔치　② 금반지를 선물하다
2）① 개업 파티　② 꽃다발을 가져 가다

2 例のように、「–거나」表現を使って文を完成し、話しましょう。

例）축의금을 내다 / 선물을 하다　→ 축의금을 내거나 선물을 해요.
1）책을 읽다 / 음악을 듣다　→ ____________
2）친구를 만나다 / 쇼핑을 하다　→ ____________

文法の説明

–아도 / 어도 돼요（～してもいいです）

許可を表します。語幹の母音が陽母音だと「–아도　돼요」、陰母音だと「–어도 돼요」になります。

例）보다（見る）：봐도 돼요　　먹다（食べる）：먹어도 돼요

02. 会話2 75

에마	결혼식이 끝난 후 ①<u>한정식을 먹었어요</u>.
민수	어땠어요?
에마	너무 좋았어요. 하지만 ②<u>식사 예절이 달라서</u> 놀랐어요.
민수	그랬겠네요. ③<u>밥은 숟가락으로 먹어야 돼요</u>.

エマ　結婚式が終わった後に韓定食を食べました。
ミンス　どうでしたか。
エマ　とてもよかったです。けれども食事のマナーが異なって驚きました。
ミンス　そうだったでしょう。ご飯はスプーンで食べなければなりません。

会話練習

1 下の表現を、会話2の①、②、③に入れ替えて、話しましょう。

例）① 한정식을 먹다　② 식사 예절이 다르다
③ 밥은 숟가락으로 먹다

1）① 사진을 찍다　② 여자만 한복을 입고 있다
③ 결혼한 여자만 입다

2）① 폐백을 보다　② 여러 번 절을 하다
③ 신랑 가족에게 인사하다

2 「-아야 / 어야 돼요」表現を使って質問し、答えましょう。

例）A：<u>식사 전</u>에 뭐 해야 돼요?　B： 손을 씻어야 돼요.
1）A：자기 전　B： 이를 닦다
2）A：운동 후　B： 스트레칭을 하다

文法の説明

-아야 / 어야 돼요 (～しなければなりません、～すべきです)

義務を表します。語幹の母音が陽母音だと「-아야　돼요」、陰母音だと「-어야 돼요」になります。「-아야 / 어야 해요」も同様の意味で使えます。

例）교실에서는 모자를 벗어야 돼요. (教室では帽子をとらなければなりません)
아침에 커피를 꼭 마셔야 해요. (朝、コーヒーを必ず飲まなければなりません)

✿ –거나 (〜したり)

列挙を表します。語幹に「–거나」をつけます。

例） 저기에서 식사를 하거나 신문을 읽거나 해요.

（あそこで食事をしたり、新聞を読んだりします）

03. 単語 76

※ 会話

- □ 선배　先輩
- □ 결혼식　結婚式
- □ 초대를 받다　招待される
- □ 축의금　ご祝儀
- □ 내다　出す
- □ 한복　韓服
- □ 그냥　ただ
- □ 깔끔하다　整っている、清潔だ
- □ 복장　服装
- □ 끝나다　終わる
- □ 하지만　けれども
- □ 한정식　韓定食
- □ 식사 예절　食事マナー
- □ 다르다　異なる
- □ 놀라다　驚く
- □ 숟가락　スプーン

※ 文法・練習問題

- □ 돌잔치　1歳の誕生祝い
- □ 금반지　金の指輪
- □ 개업 파티　開業パーティー
- □ 꽃다발　花束
- □ 가져 가다　持って行く
- □ 폐백　幣帛、ペベク
- □ 절을 하다　お辞儀をする
- □ 신랑 가족　新郎家族
- □ 손을 씻다　手を洗う
- □ 이를 닦다　歯磨きする
- □ 스트레칭　ストレッチ
- □ 모자를 벗다　帽子をとる
- □ 내리다　降りる、下す
- □ 통화하다　通話する
- □ 보글보글 끓다　ぐつぐつ沸く
- □ 연필　鉛筆
- □ 손으로 만지다　手で触る
- □ 사용하다　使用する、使う
- □ 이름을 쓰다　名前を書く
- □ 내다　出す

04. 発音

✿ 결혼식 [겨론식]

✿ 축의금 [추기금]

✿ 복장 [복짱]

✿ 숟가락 [숟까락]

05.（応用会話）　ペアと一緒に文を完成して、話しましょう。

뭘 하면 되죠?
축의금을 내거나 선물을 해도 돼요.

가 ________　　__________에 초대를 받았어요. 뭘 하면 되죠?

나 ________　　축의금을 내거나 ____________________

가 ________　　한복을 입어야 돼요?

나 ________　　아뇨. 그냥 깔끔한 복장이면 괜찮아요.

가 ________　　결혼식이 끝난 후 ____________________

나 ________　　어땠어요?

가 ________　　너무 좋았어요. 하지만 __________ 놀랐어요.

나 ________　　그랬겠네요. ____________________

06. 語彙を増やしましょう。　「하다動詞」vs「하다形容詞」

하다動詞		하다形容詞	
증가하다	増加する	유명하다	有名だ
발전하다	発展する	중요하다	重要だ
감소하다	減少する	필요하다	必要だ
등록하다	登録する	부족하다	不足だ
초대하다	招待する	상냥하다	やさしい
통화하다	通話する	조용하다	静かだ

07. (聞き取り)　音声を聞いて(　　)の中に書きましょう。 77

호노카　(　　　　　　　) 에 초대를 받았어요. 뭘 하면 되죠?
준우　축의금을 내거나 (　　　　　　　　　　).
호노카　한복을 입어야 돼요?
준우　한복은 안 입어요. 깔끔한 복장이면 괜찮아요.

호노카　결혼식이 끝난 후 (　　　　　) 했어요.
준우　어땠어요?
호노카　너무 좋았어요. 하지만 식사 예절이 달라서 놀랐어요.
준우　그랬겠네요. (　　　　　　　　　　　　).

08. 練習問題

1 例のように、「-아야 / 어야 돼요?」の質問に答えましょう。

例)　A：교실에서 모자를 써도 돼요?　B：아뇨, 모자를 벗어야 돼요.

1) A：지하철 안에서 통화해도 돼요?　B：아뇨, 내린 후에 통화하다.
2) A：신발을 신고 들어가도 돼요?　B：아뇨, 신발을 벗고 들어가다.
3) A：손으로 만져도 돼요?　B：아뇨, 장갑을 끼고 만지다.

2 会話になるように、左の文と右の文を線で結びましょう。

1) 지금 먹어도 돼요?　①・　・A 네, 입어 보세요.
2) 입어 봐도 돼요?　②・　・B 보글보글 끓으면 드세요.
3) 이 문제 안 풀어도 돼요?　③・　・C 아뇨, 풀어야 돼요.

3 韓国語で話しましょう。

1) 鉛筆を使ってもいいです。　→ ______________________
2) 名前を書かなければなりません。　→ ______________________
3) 今出てもいいですよ。　→ ______________________

コラム　軍隊に入らないといけません　군대에 가야 돼요

エマ　K-POPの男性アイドルが軍隊に入ることが話題になりましたね。

ミンス　はい、その通りです。

エマ　韓国では男性は満19歳になったら軍隊に入らなくてはいけないのですよね。ミンスさんも19歳を過ぎているけれど、入らなくてもいいんですか?

ミンス　大学生をしているうちは入隊が延期できます。

エマ　大学を卒業すると入隊するのですか?

ミンス　はい、韓国男性の義務なので入らなければいけません。

에마　K-POP 남자 아이돌이 군대에 가야하는 것이 화제가 되었네요.

민수　네, 맞아요.

에마　한국에서 남자는 만 19세가 되면 군대에 가지 않으면 안 되죠? 민수 씨도 만 19살이 지났는데 안 가도 돼요?

민수　학교에 다니고 있는 동안은 연기할 수 있어요.

에마　대학 졸업하면 군대에 가야 돼요?

민수　네, 대한민국 남자의 의무니까요.

15課 회원 등록을 하고 싶은데요.

会話の目標
- –는데요
- –은 / ㄴ데요
- –인데요
- –기 시작하다

01. 会話 1 78

직원　어떻게 오셨어요?
에마　①회원 등록을 하고 싶은데요.
직원　먼저 서류를 작성해 주세요.
에마　②신분증이 없는데요. 괜찮아요?

職員　どうされましたか。
エマ　会員登録をしたいのですが。
職員　まず書類を作成してください。
エマ　身分証がないんですが。大丈夫ですか。

会話練習

1 下の表現を、会話1の①、②に入れ替えて、話しましょう。

例）① 회원 등록을 하고 싶다　② 신분증이 없다
1）① 책을 빌리고 싶다　② 책 제목을 모르다
2）① 개인 지도를 받고 싶다　② 운동을 전혀 못하다
3）① 신청을 취소하고 싶다　② 한 번 수업을 받았다

2 例のように「-는데요, -은 / ㄴ데요, -인데요」表現を使って、話しましょう。

例）신분증이 없다　→ 신분증이 없는데요.
1）떡볶이가 좀 맵다　→ ______________________
2）김치는 슈퍼에서 팔다　→ ______________________
3）신발이 작다　→ ______________________
4）아직 학생이다　→ ______________________

02. 会話2 79

에마　지난주부터 ①<u>학원에서 피아노를 배우기 시작했어요</u>.
민수　그래요? 어때요?
에마　②<u>조금 어렵지만</u> 재미있어요.
민수　③<u>시작이 반이니까</u> 파이팅!

エマ　先週からスクールでピアノを習い始めました。
ミンス　そうですか。どうですか。
エマ　ちょっと難しいけど楽しいです。
ミンス　「始め良ければ半ば勝ち」だからファイト！

✿ 会話練習

1 下の表現を、会話2の①、②に入れ替えて、話しましょう。

例）① 학원에서 피아노를 배우다　② 조금 어렵다
1）① 태권도를 배우다　② 힘들다
2）① 시민센터에서 심부름을 하다　② 모르는 것이 많다
3）① 매일 공원을 걷다　② 다리가 아프다

2 ③のように、「-이니까 / 니까」表現を使って文を完成し、話しましょう。

例）시작이 반이다 / 파이팅!　→ <u>시작이 반이니까</u> 파이팅!
1）티끌 모아 태산 / 파이팅!　→ ______________
2）식은 죽 먹기 / 할 수 있어요　→ ______________
3）하늘의 별 따기 / 무리예요　→ ______________

✿ 文法の説明

✿ -는데요、-은 / ㄴ데요、-인데요 (～するのですが、～なのですが)

文末で、相手に勧誘・依頼・説明の際、その背景や状況を説明します。文中では「-요」なしで、逆接の意味を表します。品詞によって付け方が違います。

✿ 動詞、있다・없다：-는데요

語幹にパッチム関係なく「-는데요」、ㄹパッチムは「ㄹ」が脱落し「-는데요」をつけます。

例） 미리 예약해야 하는데요.（事前に予約しなければなりませんが）
　　 9시에 문을 여는데요.（9時に開店しますが）
　　 오후에는 시간이 없는데요.（午後は時間がないんですが）

✿ 形容詞：-은 / ㄴ데요

語幹にパッチムがあると「-은데요」、ないと「-ㄴ데요」、ㄹパッチムは「ㄹ」が脱落し「-ㄴ데요」。ただし、「있다・없다」のつく形容詞（맛있다、재미없다 など）語幹には「-는데요」をつけます。

例） 옷이 좀 작은데요.（服がちょっと小さいですが）
　　 아주 유명한데요.（とても有名ですが）
　　 떡볶이 맛있는데요.（トッポッキが美味しいですが）

✿ 名詞：-인데요

パッチムに関係なく「-인데요」をつけます。ただし、会話ではパッチムがない場合は「-ㄴ데요」をつけることもあります。

例） 예약한 손님은 4명인데요.（予約したお客様は４名ですが）
　　 지금 1시인데요. / 1신데요.（今1時ですが）

＊ 過去の場合は、用言（動詞、形容詞）の語幹に「-았는데요 / 었는데요」をつけます。名詞にはパッチムがあると「-이었는데요」を、ないと「-였는데요」をつけます。

例） 미리 예약했는데요.（事前に予約しましたが）
　　 옷이 좀 작았는데요.（服がちょっと小さかったですが）
　　 손님은 4명이었는데요.（お客様は４名でしたが）

✿ -기 시작하다（～し始める）

動詞語幹のパッチムに関係なく「-기 시작하다」をつけます。

例） 피아노를 배우기 시작했어요.（ピアノを習い始めました）
　　 비가 오기 시작했어요.（雨が降り始めました）

03. 単語　🎧80

❋ **会話**

- ☐ 회원 등록　会員登録
- ☐ 먼저　まず
- ☐ 서류　書類
- ☐ 작성하다　作成する
- ☐ 신분증　身分証
- ☐ 지난주　先週
- ☐ 학원　塾、スクール
- ☐ 배우다　習う
- ☐ 어렵다　難しい
- ☐ 시작　スタート
- ☐ 반　半
- ☐ 파이팅!　ファイト

❋ **文法・練習問題**

- ☐ 책을 빌리다　本を借りる
- ☐ 모르다　知らない、分からない
- ☐ 받다　受け取る、もらう
- ☐ 신발　履物
- ☐ 작다　小さい

- ☐ 제목　題目、タイトル
- ☐ 개인 지도　個人指導
- ☐ 전혀 못하다　全くできない
- ☐ 신청　申込、申請
- ☐ 취소하다　取り消す
- ☐ 슈퍼　スーパーマーケット
- ☐ 팔다　売る
- ☐ 아직　まだ
- ☐ 태권도　テコンドー
- ☐ 심부름　お手伝い、お使い
- ☐ 공원　公園
- ☐ 걷다　歩く
- ☐ 다리가 아프다　脚が痛い
- ☐ 회사원　会社員
- ☐ 창문을 닫다　窓を閉める
- ☐ 목이 마르다　のどが渇く
- ☐ 늦게 자다　遅く寝る
- ☐ 올해　今年
- ☐ 길다　長い
- ☐ 물　水
- ☐ 드시다　召し上がる

04. 発音

- ✿ 어떻게 [어떠케]
- ✿ 신분증 [신분쯩]
- ✿ 회원 등록을 [회원등노글]
- ✿ 없는데요 [엄는데요]

05. (応用会話)　ペアと一緒に文を完成して、話しましょう。

가 ________　어떻게 오셨어요?

나 ________　______________________________

가 ________　먼저 서류를 작성해 주세요.

나 ________　______________. 괜찮아요?

◇◇◇

가 ________　지난주부터 ______________________

나 ________　그래요? 어때요?

가 ________　______________________ 재미있어요.

나 ________　시작이 반이니까 파이팅!

06. 語彙を増やしましょう。　慣用句

티끌 모아 태산	ちりも積もれば山となる
식은 죽 먹기	朝飯前
하늘의 별 따기	到底無理なこと（空の星をとること）
금강산도 식후경	花より団子
천리 길도 한 걸음부터	千里の道も一歩から

07. (聞き取り)　音声を聞いて(　　)の中に書きましょう。 81

직원	어떻게 오셨어요?
아야나	(　　　　　　　　　　　　　).
직원	먼저 서류를 작성해 주세요.
아야나	(　　　　　　　　) 없는데요. 괜찮아요?
	✧ ✧ ✧
아야나	지난주부터 학원에서 (　　　　　　　　　　　　　).
민준	그래요? 어때요?
아야나	조금 (　　　　　　　　) 재미있어요.
민준	시작이 반이니까 파이팅!

08. 練習問題

1 例のように、「-는데요, -은 / ㄴ데요, -인데요」表現を使って答えましょう。

例)　A：이 사람 아세요?　　　B：모르다 → 모르는데요.

1) A：회사원이세요?　　B：회사원이 아니다 → ____________
2) A：배 많이 고파요?　　B：별로 안 고프다 → ____________
3) A：이거 누가 만들었어요?　　B：제가 안 만들었다 → ____________

2 会話になるように、左の文と右の文を線で結びましょう。

1) 예약하고 싶은데요.　①・　　・**A** 물을 드세요.
2) 좀 추운데요.　②・　　・**B** 창문을 닫을까요?
3) 목이 마른데요.　③・　　・**C** 몇 분이세요?

3 韓国語で話しましょう。

1) 今年から韓国語を習い始めました。 → ____________________
2) 昨日は遅く寝たのですが。 → ____________________
3) ちょっと長いけど大丈夫ですか。 → ____________________

コラム　小雨でも服は濡れる　가랑비에 옷 젖는 줄 모른다

エマ　ミンスさん、あのね～最近心配なことがあるんです。

ミンス　なんでも言ってください。

エマ　このまえ韓国料理店に行った時に、韓国語で注文してみたの。

ミンス　ほお。通じましたか?

エマ　いいえ、うまく通じなくて自信を失っちゃった。私は韓国語の学習に向いていないのかしら?

ミンス　大丈夫。韓国に「小雨でも気がつかないうちに服は濡れる」(意訳)という格言があります。毎日少しずつでも勉強を続ければいつのまにか上手に韓国語でしゃべれるようになりますよ。

エマ　ありがとう。ミンスさんにそう言ってもらえて勇気がでたわ。

ミンス　エマさん、ファイト!!

에마　민수 씨, 있잖아요. 요즘 좀 걱정거리가 있어요.

민수　뭐든지 얘기해 보세요.

에마　저번에 한국 음식점에 갔을 때 한국어로 주문했거든요.

민수　오, 통했어요?

에마　아뇨… 그게 잘 안 통해서 자신감을 잃어버렸어요. 저… 한국어 잘할 수 있을까요?

민수　괜찮아요. 한국에 "가랑비에 옷 젖는 줄 모른다"라는 속담이 있어요. 매일 하는 공부 양이 적더라도 소홀히 하지 않고 꾸준히 계속한다면 (가랑비에 옷 젖듯이) 언젠가 능숙하게 한국어로 말할 수 있게 될 거예요.

에마　고마워요. 민수 씨가 그렇게 말해 주니까 용기가 생기네요.

민수　에마 씨, 아자 아자 파이팅!!

1 次の表現を「-아요 / 어요」(해요体)に変えましょう。

用言

☞ 参照(p.47)

Ⓐ	알다 分かる、知る			보내다 送る	
	받다 受け取る			세다 数える	
	앉다 座る			펴다 広げる	
	놀다 遊ぶ			마시다 飲む	
	울다 泣く			가르치다 教える	
	입다 着る			배우다 学ぶ	
Ⓑ	가다 行く			되다 (~に)なる	
	만나다 会う		Ⓓ	말하다 話す	
	오다 来る			유명하다 有名だ	
	보다 見る			공부하다 勉強する	
Ⓒ	건너다 渡る			좋아하다 好きだ	

名詞

☞ 参照(p.30, p.37)

학생이다 学生だ		학생이 아니다 学生ではない	
친구(이)다 友達だ		친구가 아니다 友達ではない	

2 次の用言を「−아요 / 어요」(해요体) と過去形に変えましょう。 ☞ 参照 (p.55)

		意味	−아요 / 어요	−ㅆ어요	−ㅆ다
Ⓐ	알다				
	받다				
	놀다				
	울다				
Ⓑ	가다				
	오다				
Ⓒ	건너다				
	보내다				
	세다				
	펴다				
	마시다				
	배우다				
	되다				
Ⓓ	말하다				
	유명하다				
	공부하다				
	좋아하다				

학생이다			학생이었어요	학생이었다
친구(이)다			친구였어요	친구였다
학생이 아니다			학생이 아니었어요	학생이 아니었다
친구가 아니다			친구가 아니었어요	친구가 아니었다

3 次の不規則用言を活用しましょう。

☞ 参照（8課〜13課）

		意味	-지만 〜けれども	-으면 / 면 〜すれば	-아요/어요 〜です・ます
ㅂ不規則	춥다				
	가깝다				
	어렵다				
	돕다				
ㄷ不規則	듣다				
	걷다				
	싣다				
	묻다				
ㅅ不規則	낫다				
	젓다				
	짓다				
	잇다				
으不規則	바쁘다				
	기쁘다				
	예쁘다				
	크다				
ㅎ不規則	하얗다				
	까맣다				
	노랗다				
	파랗다				
르不規則	빠르다				
	부르다				
	다르다				
	모르다				

著者紹介

■柳　蓮淑（ユ　ヨンスク）
お茶の水女子大学大学院人間文化研究科博士課程修了。韓国語教員資格 1 級取得（韓国文化教育観光部）。目白大学、都留文科大学、獨協大学講師。単著『韓国人女性の国際移動とジェンダー』(2013 年、明石書店）の他、多数。

■金　秀美（キム　スミ）
東京大学大学院博士課程単位取得後満期退学。慶応義塾大学、跡見女子大学、拓殖大学講師。『使いこなすための韓国語文法』（共著）

■朴　玉珠（パク　オクチュ）
韓国国立忠南大学大学院英語英文学科修士課程修了。韓国語教員資格 2 級取得（韓国文化教育観光部）。桜美林大学、フェリス女学院大学、東京女子医科大学講師。

推薦者紹介

■姜　昌一（カン　チャンイル）
東京大学修士、博士課程修了（文学博士）。培材大学日本学科教授、大韓民国国会議員（４選）、韓日議員連盟会長を歴任。現・東国大学日本学科碩座教授。

ステキな韓国語 会話（初中級）

2023 年 3 月 15 日　初版第 1 刷発行

著　者　柳蓮淑　金秀美　朴玉珠
表紙絵　柳始延
イラスト　栗田花帆　柳丁鉉　柳始延
コラム　根本巌
発行人　松田健二
発行所　社会評論社
東京都文京区本郷 2-3-10　〒113-0033
tel. 03-3814-3861 ／ fax. 03-3818-2808
http://www.shahyo.com/

組版デザイン　黄美淑　金延柱
表紙デザイン　中野多恵子
印刷・製本　倉敷印刷株式会社